참으로
예배하고
싶다

참으로
예배하고
싶다

ⓒ 생명의말씀사 2013

2013년 5월 31일 1판 1쇄 발행
2019년 9월 25일   6쇄 발행

펴낸이 | 김재권
펴낸곳 | 생명의말씀사

등록 | 1962. 1. 10. No.300-1962-1
주소 | 서울시 종로구 경희궁1길 5-9(03176)
전화 | 02)738-6555(본사)·02)3159-7979(영업)
팩스 | 02)739-3824(본사)·080-022-8585(영업)

지은이 | 양명호

기획편집 | 유선영, 서지연
디자인 | 최윤창
인쇄 | 영진문원
제본 | 정문바인텍

ISBN 978-89-04-16424-0 (03230)

저작권자의 허락없이 이 책의 일부 또는 전체를
무단 복제, 전재, 발췌하면 저작권법에 의해 처벌을 받습니다.

참으로 예배하고 싶다

양 명 호

생명의말씀사

추천사

예수 믿고 나면 수많은 예배에 참여하게 된다. 목회자들은 더 은혜로운 예배를 위해서 목숨을 건다. 하지만 우리가 드리는 예배를 하나님이 받으시지 않고 대부분 쓰레기통으로 들어간다면 어떻게 될까? 참으로 끔찍한 일이다.

본인은 1988년부터 다인종, 다문화, 다종교의 나라인 말레이시아에서 한인 목회를 하고 있다. 말레이 회교도들이 사원에서 수없이 엎드리며 드리는 경배의 모습을 본다. 많은 중국계, 인도계 말레이인들이 분향하며 기도하는 것을 흔하게 볼 수 있다. 하지만 믿음의 식구들은 이 모든 종교적 행위가 우리가 믿는 참 하나님께 받아들여지지 않음을 안다.

성경은 하나님께서 받으시는 참 예배가 있고, 하나님이 찾으시는 참 예배자가 따로 있음을 분명하게 말씀하고 있다. 신앙생활을 하고, 목회와 선교의 사명을 감당하면서 더욱 참 예배에 목마름을 느끼게 된다.

양명호 목사님께서 '예배자'에 대한 귀한 책을 써 주셔서 정말 감사드린다.

예배의 대상이신 하나님께서 받으시기 원하시는 예배의 그림을 정말 선명하게 잘 그려 주셨다. 말씀과 깊은 묵상을 통해 하나님이 기뻐하시는 참 예배자로서 받아들여지게 하는 내용이 가득하다.

저자와는 고든 콘웰에서 같이 공부하면서 만나 교제를 나누어 왔다. 진실한 인격과 따뜻한 가슴, 그리고 말씀과 삶에 대한 깊은 성찰과 묵상이 있는 분이다. 예배에 대한 뜨거운 열정과 탐구가 학업과 사역, 삶의 현장 속에 있는 분이다.

이 책을 읽다 보면 '하나님의 성전 마당만 밟고 가는 사람'을 지나서, '참되게 예배하는 그 예배자'가 되어 가는 자신을 발견하게 될 것이다.

이 귀한 책에 감사드리며 예배를 사모하는 모든 이들에게 필독서로 '강추'하고 싶다.

— 김기홍 (KL 열린교회 담임목사, 말레이시아 선교회 대표)

저자인 양명호 목사님과 꽤 오랜 기간 교제해왔습니다. 치밀한 학구열이 돋보였던 강의실과 목회에의 열정이 빛을 발했던 목회현장, 그리고 개인적인 만남에 이르기까지 저는 한결같고 성실하며 친근감이 넘치는 그의 모습을 아름다운 기억으로 오롯이 간직하고 있습니다.

예배에 대한 책을 저술했다는 소식을 듣고 참으로 반가웠고, 또 그 원고를 대하고는 신 나는 마음으로 한달음에 읽기를 마쳤습니다. 물론 흥미롭고 유익한 내용을 담았기에 읽는 속도가 빨랐지만, 마음속에 자리 잡은 여운은 상당히 깊고 오래 남습니다. 진지하고 겸손한 성찰과 고민이 빼곡하게 담겨있기 때문일 것입니다. 무엇보다도 참된 예배를 향한 저자의 신실한 열망이 어렵지 않게 느껴지니 참 좋습니다. 성서의 예들을 허투루 넘기지 않고 세밀한 분석을 통해 접근한 것도 인상적이며 이 시대와 교회의 문제를 꿰뚫어보는 안목 또한 탁월합니다.

하나님과 친밀하게 사귀며 동행하고 신령과 진정으로 예배하기 위해 분투하는 모든 이에게, 양 목사님의 이야기가 훌륭한 이정표의 역할을 해줄 수 있을 것입니다. 이 책을 읽는 저를 포함한 모든 독자는 저자로부터 신선한 도전을 받고 함께 참된 예배의 회복이라는 과제를 짊어지게 됩니다. 이러한 거룩한 깨달음과 부담이 참된 예배자로서 살아가는 우리 모두에게 소중한 자산이 될 것을 소망합니다. 저자의 혜안과 노고에 진심으로 감사드립니다.

— 안덕원 (횃불트리니티 신학대학원대학교 실천신학 교수)

정말 주님이 원하시는 예배에 빠지고 싶게 하는 책이다. 짧은 책이지만 이 책을 읽어가면서 전율과 감동을 느꼈다. 참된 예배자로 살고 싶은 사람들에게 적극 추천한다. 이 책은 나의 지금 예배를 다시 한 번 되돌아보게 하며 어떻게 예배해야 하는지를 잘 보여준다. 또한, 쉽고 간결하면서 깊게 쓰인 책이다. 이 책은 성경에 나오는 예배에 대한 핵심적인 내용을 쉽게 풀어 우리에게 이해시키고 있다. 그동안 우리가 잘못 알고 있거나 놓치고 있는 예배에 대한 생각을 성경적으로 명료하게 정리하면서 습관적으로 예배했던 모습에 일침을 가하고 있다. 특히 예배의 방법이 아닌 예배자에게 초점을 맞추어 예배의 신학을 모두가 이해할 수 있도록 정리 한 점이 탁월하다. 그것은 저자가 오랫동안 예배에 대한 관심을 갖고 깊은 연구와 함께 현장에서 예배 회복을 위한 노력 속에서 얻어진 통찰력이라 생각된다. 이 책은 십자가의 은혜를 기억나게 하면서 우리로 하여금 제대로 예배하고 싶은 열망을 일으키게 하는 책이다. 예배자로 순종하고 싶은 모든 그리스도인에게 일독을 권한다.

— 이대희 (꿈을주는교회 담임목사, 바이블미션 대표, 전 서울장신대 교수)

시작하는 말

'예배'는 우리에게 너무 익숙한 단어다. 그만큼 자주 입에 오르내리는 소재이기도 하다. 예배를 다루는 책 또한 많다. 저자들의 심오한 견해를 따라가기도 어려운 깊고 멋진 예배 신학들. 그저 고개만 끄덕일 수밖에 없는, 논리의 탁월함에 감탄할 때가 많다. 그럼에도 한편으론 늘 아쉬움이 남고 갈망이 채워지지 않는다.

"주님, 제자들에게 기도를 가르쳐 주신 것처럼, 예배를 가르쳐 주소서."

이것이 나의 오랜 기도 제목이 되었다.

과연, 예배에 대한 하나님의 생각은 어떤 것일까? 우리에게 익숙한 예배에 관한 이론이 아니라 하나님 자기 생각 말이다. 첫 예배를 디자인하신 하나님은, 그 마음에 어떤 그림을 그리셨을까? 지금 우리의 예배에서도 하나님은 여전히 그 그림을 보고 계실까?

예배에 관심이 많다고 말하는 사람들을 종종 만난다. 예배하는 것을 좋아한다고 말하는 사람 또한 많다. 예배가 자신의 삶에 중요한 요소라고 하는 사람도 있다. 이렇게 표현하는 사람들에게 '예배'는 대부분 예배 모임이나 예배 의식을 의미한다. 그런데 하나님은 우리가 따라야 할 예배의 순서를 정하거나 방법을 규정하는 것에 대해서는 특별히 말씀하지 않으신다. 그 이유는 아마도 하나님께서 우리가 어떤 사람들인지를 이미 잘 알고 계시기 때문일 것이다. 우리는 하나님을 진정으로 사랑하지 않고도, 참 마음을 품지 않고도, 심지어 하나님께 대항하면서도 그저 정해진 순서나 방법을 따라 예배 의식에 참여할 수 있는 존재라는 것을 너무 잘 아신다.

세대를 이어 오며 전해진 방법을 그대로 따라하는 것은 그리 어렵지 않다. 한두 번 익숙해지면 되는 일이다. 누구나 할 수 있다. 그래서 하나님은 예배 의식이 아닌 예배자를 주목하셨다. 물론 하나님께 드리는 제물이 어떠해야 하며, 예배하는 방법이 어떠해야 하는지도 중요하다. 그러나 하나님의 관심은 늘 예배하는 사람들을 향하신다. 그들이 얼마나 하나님을 사랑하는지, 그들에게 하나님이 어떤 존재이며 얼마나 소중한지, 그들이 얼마나 하나님의 은혜를 기억하며 감사하는지, 그들이 얼마나 하나님을 신뢰하는지, 그들이 얼마나 하나님의 마음에 합한 삶을 살며 예배하는지…….

그래서 이 책에서는 예배의 방법이나 이론이 아니라, '예배자'에 주목하고자 한다. 성경 곳곳에 스며 있는 예배자에 대한 하나님의 마음을 하나씩 발견한 기록들을 모아 책으로 엮었다. 우리가 예배하는 하나님, 그분의 마음을 더 깊이 알아 가길 원한다. 더불어 참으로 하나님을 예배하고 싶은 마음으로 우리의 가슴이 뛰기를 꿈꾼다. 하나님과 친밀하게 동행하며 하나님께서 흐뭇해하시는 예배자, 하나님의 마음에 거하는 그런 예배자로 살아가기를 기대한다.

2013년 뉴저지 메디슨에서

양 명 호

차례

주천사 • 5

시작하는 말 • 9

관계
Relationship

1. 느부갓네살의 찬송을 넘어서다 • 16
   나의 신, 다니엘의 신 / 관계가 먼저 / 하나님이 되고, 백성이 되고
2. 주는 나의 하나님이시라 • 28
   진정한 예배자 / 예배의 근거 / '그·러·나' / 주는 나의 하나님
3. 물이 새는 웅덩이를 제거하다 • 46
   하나님의 자리에 무엇이 / 자기 소견에 옳은 대로 / 영적 리더들은 과연

믿음
Faith

4. 온전한 믿음으로 예배하다 • 66
   입술의 고백, 삶의 고백 / 잠잠히 신뢰하기
5. 가인과 그 제물은 쳐다보지도 않으신다 • 77
   예배자, 예배, 그리고 믿음 / 예배자와 구경꾼 / 하나님의 임재 앞에 /
   믿음과 삶이 일치된 예배

동행
Walking with God

6. 하나님의 긍휼이 흐르게 하다 • 96
   하나님과의 동행 / 하나님의 마음 알기 / 왕 같은 제사장 / 코이노니아
7. 순종이 제사보다 낫다 • 112
   여호와께서 명하신 대로 / 하나님을 경외함 / 경외함의 증거 / 순종하는 예배자

기억
Remembrance

8. 예배는 수단이 아니다 • 134
예배의 목적 / Request인가 Response인가 / 예배를 예배 되게

9. 예배는 기념하는 것이다 • 147
기념비 앞에 서면 / 하나님의 은혜 끄집어내기

10. 원망하면서 예배할 수 없다 • 155
이야기 하나 / 이야기 둘 / 이야기 셋 / 잊어서는 안 되는 것

거룩함
Holiness

11. 거룩한 산 제물을 원하신다 • 166
삶의 작은 부분에서도 / 하나님의 거룩하심 /
하나님의 사람에게 주어진 특권 / 산 제물로 드리는 거룩한 삶

예수 그리스도
Jesus Christ

12. 신령과 진정으로 예배하다 • 186
지성이면 감천이다? / 영원히 목마르지 않는 생수 /
장소의 문제를 넘어 / 오직 성령과 예수 그리스도로

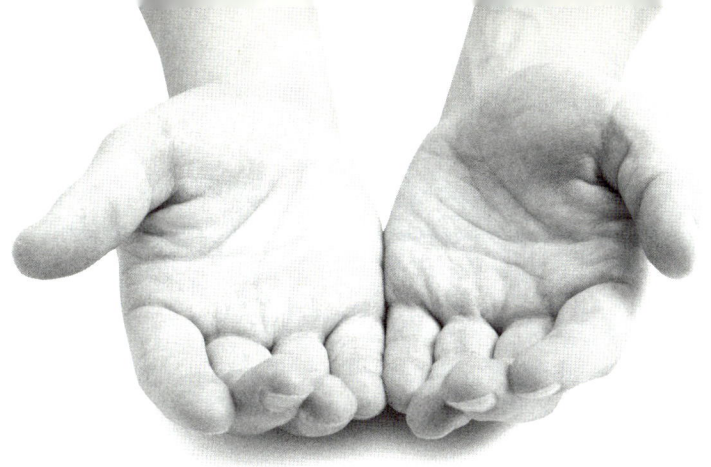

관계

Relationship

느부갓네살의 찬송을 넘어서다
주는 나의 하나님이시라
물이 새는 웅덩이를 제거하다

1
느부갓네살의 찬송을 넘어서다
***

나의 신, 다니엘의 신

　바벨론 왕 느부갓네살이 어느 날 꿈을 꾸었다. 왕은 그 꿈이 너무 기이하여 잠을 이루지 못하고 번민에 사로잡혔다. 바벨론에는 꿈을 해석하는 사람들, 별이나 사물을 보면서 앞날을 예견하는 사람들, 지혜 있다고 하는 사람이 많이 있었지만, 느부갓네살 왕이 그날 꾼 꿈을 해석할 사람은 없었다. "혹 왕께서 꾸신 그 꿈을 이야기해 주시면 그것을 해석해서 알려 드리겠다"고 하는 이들이 있었지만, 왕은 그들에게 꿈의 내용을 말하지 않는다. 왕은 오히려 꿈을 해석하겠다고 하는 자가 그 꿈이 어떤 것이었는지도 알아내라고 한다. 전에 없이 단호하다. 그러니 감히 왕 앞에 나설 사람이 아무도 없다. 그럴 수밖에 없는 것이 왕에게 그 꿈을 꾸게 하신 분은 하나님이시기 때문이다. 그리고 하나님은 오직 한 사람 다니엘에게만 그 꿈에 대한 하나님의 마음을 알려 주셨다. 그래서 다니엘은 느부갓네살이 꾼 꿈이 무엇이었으며, 그 꿈이 뜻하는 바가 무엇인지 놀라운 비밀을 왕에게 펼쳐 보인다. 다니엘이 꿈을 해석하는 것을 들으면서 느부갓네살은 감동한다. 그리고 기쁨과 놀라움으로 다니엘에게 이렇게 말한다.

"······너희 하나님은 참으로 모든 신들의 신이시요 모든 왕의 주재시로다······"(단 2:47).

이방인의 입에서 나온 이 한마디는 놀라운 선포가 아닐 수 없다. 이 고백은 참으로 멋진 찬양이 아닐 수 없다. 그러나 이런 훌륭한 고백을 한 뒤 얼마 지나지 않아 느부갓네살은 금으로 신상을 만들고는 누구든지 금 신상에 절하지 않으면, 극렬히 타는 용광로에 던져 넣겠다고 선언한다. 이 엄한 명령에도, 다니엘의 세 친구로 알려진 사드락, 메삭, 그리고 아벳느고는 이 명령에 당당히 대항한다. 하나님께서 자기들을 능히 건져 내실 것이라고 선포한다. 그들의 믿음은 급기야 설령 하나님이 '그리 아니하실지라도' 하나님만을 섬기는 것을 포기할 수 없다는 데 이르렀다.

이 세 사람에게는 자신들의 목숨을 포기할지언정 절대로 부인할 수 없었던 것이 있었다. 그것은 바로 하나님과의 관계였다. 이들에게 하나님은 그런 존재였다. 그 무엇과도 하나님을 바꿀 수는 없었다. 포로가 되어 잡혀 온 이방인의 땅, 우상숭배가 난무한 세상의 한가운데서 자신들의 주 되시는 하나님의 이름을 선포하고 있는 것이다. 결국, 그들은 무엇이든 태우고도 남을 불 속으로 던져졌지만, 하나님은 그들을 그 불의 위협으로부터 보호하신다. 직접 눈으로 보면서도 믿을 수 없는 이 사건 앞에서, 느부갓네살 왕은 또다시 고백하지 않을 수 없었다.

"……사드락과 메삭과 아벳느고의 하나님을 찬송할지로다……"
(단 3:28).

그리고 자신의 백성에게 조서를 내려 백성 모두에게 이렇게 선포한다.

"……이같이 사람을 구원할 다른 신이 없음이니라……"(단 3:29).

느부갓네살은 하나님이 어떤 분이신지를 경험했다. 그래서 그의 입술에서 저절로 탄성이 터졌다. 그의 탄성 소리는 하나님의 이름에 어울리는 찬양이었다. 모든 백성 앞에서 찬양을 한 것이다.

그러나 느부갓네살에게 있어서 이스라엘의 하나님은 많은 신 중에 능력이 있는 한 신에 불과할 뿐이었다. 물론 그가 하나님을 '지극히 높으신 이'요, '영생하시는 이'(단 4:34)라고 부르지만, 그렇다고 앞으로 그 하나님만을 신으로 섬기고 예배하겠다는 뜻으로 한 말은 아니다. 그의 찬양은 어떤 존재의 능력을 경험한 사람이라면 누구에게서나 나올 수밖에 없는 당연한 놀람과 경이의 표현이었고, 그 존재에 대한 지극히 마땅한 예의를 지킨 것에 불과하다. 어쩌면 자신이 알고 있는 신들의 리스트에 하나님을 추가한 것뿐일지도 모른다. 이후에 느부갓네살이 어떻게 했는지를 보면 알 수 있다.

느부갓네살은 자신이 섬길 신은 다니엘과 그의 친구들을 통해 기적을 베푸신 하나님이 아니라, 금을 부어서 만든 금 신상이라고 분명히 밝힌다. 그는 자신이 만든 금 신상을 '내 신'이라고 부른다. 그리고 우리의 하나님을 '다니엘의 하나님'이라고 부르거나 '사드락, 메삭과 아벳느고의 하나님'이라고 부른다.

느부갓네살이 아무리 훌륭한 찬양의 말을 했다 하더라도, 그의 찬양에 언급된 하나님은 느부갓네살에게는 '다니엘의 하나님'일 뿐이다. 어떤 필요가 생겨 도움을 요청할지는 몰라도, 하나님은 느부갓네살에게 있어서 분명 '내 신'은 아니다. 하나님의 능력이 그를 잠시 놀라게 했기 때문에 마땅한 경의를 표시한 것뿐이다. 그의 입술에서 아무리 멋진 찬양의 소리가 터져 나왔다 하더라도, 그에게 하나님은 자신과는 아무런 관계(relationship)가 없는 다니엘의 하나님으로밖에 인식되지 않는다. 그 능력이 뛰어나서 경탄해 마지않지만, 그렇다고 자신이 섬길 하나님은 아니라는 것이다.

우리도 하나님을 찬양한다. 아름다운 시로 목소리를 높여 하나님을 찬양한다. 하나님의 사랑이나, 은혜나, 능력을 경험했다고 하면 더욱 그럴 것이다. 하지만 그 자체만으로 진정 하나님을 예배하는 것이라고 할 수는 없다. 하나님과의 관계 없이 입술을 통해 나오는 찬양은 일시적인 탄성의 소리일 수 있으며, 하나님에 대한 지적인 동의에 그치고 말 수 있다. 하나님과의 관계 없이도 우리는 얼마든지 예배하는 자리에 참석할 수 있을 뿐만 아니라, 모임 중에 진행되는 어떤 의식(ritual)을 아주 진지하게 바라보거나 행할 수도 있다. 그 속에서 물론 큰 감동을 할 수도 있겠지만, 이것이 내가 하나님이 원하시는 진정한 예배자임을 뜻하는 것은 아니다.

관계가 먼저

하나님은 우리와의 관계를 원하신다.

하나님을 아무리 높여도 그분이 '내 신'은 아니라면, 우리의 소리는 아마도 느부갓네살의 찬양에 머물러 있을 것이다. 그저 지극히 높은 존재에게 보일 당연한 경이의 표시로 울리는 느부갓네살의 찬양으로밖에 여겨질 수 없다.

우리의 예배는 어떤가? 우리의 예배가 혹 느부갓네살의 찬양으로 가득 차 있지는 않은가? 우리가 하나님에 대해 많은 지식이 있다 하더라도 여전히 하나님의 마음에 합한 예배자는 아닐 수 있다. 일상의 삶에서 하나님이 '내 신'이라고 고백하는 그런 실질적인 관계가 없는 한, 예배 자리에서 하는 그 어떤 몸짓도 종교적인 행위 이상의 의미가 있을 수 없다. 아무리 그럴듯한 찬양이 울려 퍼진다 해도, 그것은 의미 없이 허공에 울리는 소리에 불과한 것이다.

예수님께서 어느 날 회당에서 귀신 들린 사람을 만나셨다. 누가는 그 일을 이렇게 기록한다.

"회당에 더러운 귀신 들린 사람이 있어 크게 소리 질러 이르되 아나사렛 예수여 우리가 당신과 무슨 상관이 있나이까 우리를 멸하러 왔나이까 나는 당신이 누구인 줄 아노니 하나님의 거룩한 자니이다 예수께서 꾸짖어 이르시되 잠잠하고 그 사람에게서 나오라 하시니 귀신이 그 사람을 무리 중에 넘어뜨리고 나오되 그 사람은 상하지 아니한지라……해 질 무렵에……여러 사람에게서 귀신들이 나가며 소리 질러 이르되 당신은 하나님의 아들이니이다 예수께서 꾸짖으사 그들이 말함을 허락하지 아니하시니 이는 자기를 그리스도인 줄 앎이러라"(눅 4:33-41).

이 내용에서 몇 개의 단어들만 선택해서 다시 한 번 읽어 보면, 이렇게 읽을 수 있다.

"······크게 소리 질러 이르되······당신이······하나님의 거룩한 자니이다······소리 질러 이르되 당신은 하나님의 아들이니이다······."

지금 누군가가 큰 소리로 찬양하고 있는 것처럼 들린다. 예수님을 향해 크게 외치는 찬양의 소리다. 지금 이렇게 외치고 있는 자가 과연 어떤 자인지를 알지 못한 채, 표시된 내용만 들어보면 그렇다. 누구도 예수님이 진정으로 어떤 분이신지를 깨닫지도 못했던 그 시대에, "메시아가 오셨다!"고 세상을 향해 울리는 예언자적 선포로 들릴 수도 있다. 가장 멋진 최고의 예배의 한 장면으로 여겨질 수도 있다. 그러나 이 외침은 알다시피 귀신의 소리일 뿐이다. 예수님이 어떤 분이신지는 잘 알고 있지만, "당신과 내가 무슨 상관이 있느냐"라고 말하면서 외치는 귀신의 소리에 불과하다. 귀신이 말한 내용은 모두 옳은 말이다. 예수님은 '하나님의 거룩한 자'이고, '하나님의 아들'이다. 그러나 그렇다고 해서 귀신의 외침이 하나님의 아들을 향한 예배가 되지는 않는다. 하나님의 마음에 있는 예배자일 수는 더더욱 없다. 그의 고백은 예수님께 어떤 기쁨도 될 수 없다. 오히려 그의 선포는 하나님의 일에 방해만 될 뿐이다. 결국, 예수님으로부터 "잠잠하라"는 꾸짖음밖에 기대할 수 없는 공허한 외침이었다.

우리의 예배에서도 이런 장면이 얼마든지 연출될 수 있지 않겠는가?

하나님께서 우리에게 원하시는 것은 하나님에 대한 단순한 지적인 동의가 아니다. 다른 사람이 만들어 놓은 신앙고백을 자신과는 아무 관계

없이 단순히 입으로 암송하는 것도 아니다. 하나님과 내가 아무런 '관계(Relationship)' 없이 하나님께 예배한다는 것은 예배의 '의식(Ritual)'을 행하고 있다는 말이다. 하나님은 그렇게 의식만을 행하는 것을 예배라고 하지 않으시고 그런 예배 행위를 기뻐 받으시지도 않는다. 예수님께서는 이런 사람들을 향해 강도 높게 책망하신다.

"이사야가 너희 외식하는 자에 대하여 잘 예언하였도다 기록하였으되 이 백성이 입술로는 나를 공경하되 마음은 내게서 멀도다 사람의 계명으로 교훈을 삼아 가르치니 나를 헛되이 경배하는도다"(막 7:6-7).

관계성을 잃어버린 곳에서는 참된 영성이 사라지고 공허한 종교성만 생겨난다. 참된 영성은 하나님과의 진정한 관계에서 나오기 때문이다. 종교성만 있는 곳에는 많은 의식이 생긴다. 관계성을 잃은 공허함을 채우고자 함이다. 빈 영성을 그것들로 대신하고자 함이다. 그 결과 의식들에 진지하게 집중해 보지만 공허함만 더욱 깊어질 뿐이다. 결코, 형식만으로는 관계성을 회복하지 못한다. 여러 의식에 도취해 우리 마음이 크게 감동할지는 몰라도, 그는 이미 헛되이 경배하는 자에 불과하다.

하나님이 되고, 백성이 되고

그렇다면 하나님은 우리의 예배에서 무엇을 원하시는가?

그것은 성경에서 계속 등장하는 한 말씀 속에 스며 있는 하나님의 마음에서 찾을 수 있다.

"너희는 내 백성이 되겠고 나는 너희들의 하나님이 되리라"(렘 30:22).

하나님께서는 아브라함과 언약을 맺으시면서 이 말씀을 하셨다. 이스라엘 백성을 애굽에서 이끌어 내실 때에도 같은 말씀을 하셨다. 그리고 이 말씀은 레위기, 민수기에도, 그 이후에도 계속 반복된다.

하나님께서 이스라엘에게 원하시는 것은 바로 이런 관계였다. 하나님이 되고 백성이 되는 관계, 바로 그것이었다. 이스라엘 백성이 하나님께 드리는 제사가 그저 헛된 의식에 그치지 않고 참되게 하는 것은 바로 하나님과의 이런 관계에 있었다. 이런 관계 없이 치러지는 그들의 제사는 우상의 단 앞에서 하는 종교행위나 별반 다를 것 없는 의식에 불과했다. 이스라엘 백성은 하나님에 대해 많은 지식이 있었다. 제사의 법에 대해서도 아주 잘 알고 있었다. 그들은 많은 제사를 드려 왔다. 하지만 대부분의 세월 동안, 정작 이 '관계'는 무시되어 왔다. 그래서 하나님은 셀 수 없이 많은 양의 희생 제물을 뒤로하시고, 선지자들을 통해 끊임없이 이 말씀을 전하셔야 했다.

"너희는 내 백성이 되겠고 나는 너희들의 하나님이 되리라"(렘 30:22).

하나님은 이스라엘 백성이 자신과 이런 관계를 회복하기 원하셨다. 그들이 하나님을 떠나 우상들을 섬길 때에도, 하나님은 이 말씀을 계속하셨다. 그들이 우상 숭배로 인하여 급기야는 멸망하고 포로로 잡혀가서 살아야 할 때에도, 하나님은 이 말씀을 계속해서 반복하셨다. 이 말씀은 계시록에까지 이어진다. 요한계시록은 이렇게 기록한다.

"내가 들으니 보좌에서 큰 음성이 나서 이르되 보라 하나님의 장막이 사람들과 함께 있으매 하나님이 그들과 함께 계시리니 그들은 하나님의 백성이 되고 하나님은 친히 그들과 함께 계셔서"(계 21:3).

"이기는 자는 이것들을 상속으로 받으리라 나는 그의 하나님이 되고 그는 내 아들이 되리라"(계 21:7).

하나님의 마음을 그대로 느낄 수 있는 말씀이다. 성경 마지막에 이르기까지 같은 말씀을 계속하고 계시는 것을 보면, 하나님의 그 마음은 우리에게도 여전하시다는 것을 알 수 있다. 똑같은 말씀을 이전 시대, 지금 우리 시대, 그리고 다가오는 시대까지 계속하고 계시는 것을 보면, 하나님이 되고 백성이 되는 이 관계에 대한 하나님의 마음이 어떠한지를 알 수 있다.

하나님은 그 관계가 너무 소중하셨다.

그래서 결국, 사람의 몸으로 우리 가운데 오셔서 영접하는 자, 곧 그 이름을 믿는 자들에게는 하나님의 자녀가 되는 권세를 주셨다. 죄로 인하여 진노의 자녀일 수밖에 없었던 우리에게 관계의 회복을 이루어 주셨다. 우리는 유명한 누군가와 알고 지낸다고 하는 것만으로도 대단한 일로 여기고 으쓱해 하지 않는가. 그렇다면 만왕의 왕이요, 만복의 근원이 되시는 하나님이 나의 하나님이고 내가 그의 백성이라는 것, 하나님이 나의 아버지이시고 나는 그의 자녀라는 것이 우리의 심장이 멎을 만큼 가슴 뛰게 할 만한 일이 되지 않겠는가. 그것도 무슨 자격이 있어서도 아니고, 무슨 일을 대단히 잘한것도 아닌데, 믿는 자에게 은혜로 주시니 말이다.

하나님은 그 관계가 너무 소중하셨다.

그래서 하나님은 그런 일에 목숨까지 내놓으셨다. 십자가를 지면서까지, 하나님은 우리의 하나님이 되시기를 원하셨고, 우리가 하나님의 백성으로 살기를 원하셨다. 하나님의 사랑에 대한 우리 사랑의 응답이 바로 관계다. 하나님은 그 관계를 통해서, 그의 백성을 영원한 인자와 한량없는 은혜로 사랑하시며 그들과 동행하기를 원하신다. 하나님은 회복된 관계를 통해서, 하나님의 백성이 하나님만을 신뢰하고, 하나님을 누리며 하나님으로 인하여 즐거워하기를 원하신다. 영원토록…….

나와 하나님과의 관계는 신학적인 사건이 아니다. 내 인생의 가장 근본적인 사건이다. 지식적인 일이 아니다. 실질적인 일이다. 개념이 아니다. 삶이다. 내 삶의 일부분이나 한때의 일이 아니라, 내 인생의 전부에 걸친 일이다. 하나님과의 관계는 자라 가야 하는 일이다. '그리 아니하실지라도' 하고 말하며 하나님을 전적으로 신뢰하고 모든 것을 다해서 사랑하는 데까지 자라 가야 한다.

예배는 이런 관계에서 출발한다. 하나님은 예배에 앞서, 예배자들과 그런 관계를 원하신다. 하지만 그런 관계는 무시되고, 예배 의식들만 무성한 곳에서 어떻게 진정한 예배자를 찾을 수 있겠는가. 수많은 예배가 행해진다고 하더라도, 하나님께서는 모두 헛된 경배라고 하지 않으시겠는가. 하나님이 어찌 헛된 경배에 관심을 가지시며, 그런 예배자로 인하여 즐거워하시겠는가.

진정으로 하나님은 내게 어떤 분이신가? 나는 하나님께 무엇인가? 그 관계가 나의 삶에서 어떻게 드러나고 있는가?

우리의 예배는 느부갓네살의 찬양을 넘어서야 한다.

2
주는 나의 하나님이시라
***

진정한 예배자

우리가 함께 예배하러 모일 때, 보통 '예배로의 부름'이라는 순서로 예배를 시작한다. 교회나 예배 모임마다 조금씩 차이는 있지만 이 순서는 주로 말씀을 읽으면서 시작하는 경우가 대부분이다. 이때 가장 많이 읽히는 말씀은 아마도 시편의 말씀일 것이다. 그중에서도 시편 95편이 자주 선포되는데, 이 말씀은 우리가 예배하는 근거를 명확하게 잘 선언해 주고 있다.

"오라 우리가 굽혀 경배하며 우리를 지으신 여호와 앞에 무릎을 꿇자 그는 우리의 하나님이시요 우리는 그가 기르시는 백성이며 그의 손이 돌보시는 양이기 때문이라……"(시 95:6-7).

우리가 하나님을 예배하는 이유는 그분이 우리 하나님이시요, 우리는 그분이 기르시는 백성이기 때문이다.

예배는 바로 이 관계에서 출발한다. 이 관계는 우리가 존재하는 근거이기도 하다. 우리의 예배를 진실로 예배 되게 하는 것도 바로 하나님과 백성인 우리의 관계에 있다. 그러므로 우리가 살아가는 근거나 예배하는 근거를 이 관계에 견고히 두고 있을 때, 우리는 진정한 예배자로 살게 된다. 우리가 이 관계를 누리고 있을 때, 그때에야 비로소 우리는 어느 상황에서도 예배하고 언제나 예배하는 진정한 예배자로 살아갈 수 있다. 우리 인생에 일어난 어떤 사건이나 결과나 환경이나 그 무엇에도 제한받지 않는 진정한 예배자로 살게 된다. 우리가 하나님과 이런 관계에 있을 때에만, 우리는 그 어떤 다른 이유나 목적에서가 아닌 오직 하나님으로 인하여 예배할 수 있다. 그렇지 않으면 우리의 예배는 궤도를 벗어나게 된다. 예배가 기대 지향적인 의식이 되거나, 혹은 결과 지향적인 일이 되고 만다.

예배가 기대 지향적이라는 말은, 무엇인가 뜻한 바를 이루려는 데에 예배의 동기가 있다는 말이다. 필요를 채우는 것이든지, 성공을 이루는 것이든지, 안전을 도모하는 것이든지, 우리가 바라는 무언가를 성취할 목적으로 예배하려고 한다는 말이다. 하나님은 우리 인생의 주관자이시며, 모든 것의 공급자가 되신다. 그러므로 인생의 모든 날 우리가 하나님께 의존하며 사는 것은 분명하다. 하지만 예배는 우리의 필요를 얻기 위해서 하는 종교행위가 아니다.

  예배가 결과 지향적이라는 말은, 무엇인가를 얻은 후에나 그것으로 인하여 감사하며 예배하려고 한다는 말이다. 감사로 응답하며 예배하는 것, 그것은 예배의 기본이고 또한 예배하는 중요한 이유가 된다. 우리는 분명 그렇게 예배해야 한다. 그러나 우리의 예배는 내 삶에 일어나거나 혹은 성취된 어떤 결과에만 의존하지 않는다. 예배의 동기는 그런 결과들에 의해서 좌우되지 않는다. 예배의 이유는 하나님께 있다. 하나님께서 우리의 하나님이라는 것을 예배의 근거로 삼는 자가 진정한 예배자이다. 그런 예배자만이, 도저히 예배할 수 없을 것 같은 상황에서도 제한받지 않고 언제나 예배할 수 있다. 이것이 바로 '주는 나의 하나님이요, 우리는 주의 백성이라'는 관계를 맺고 사는 자가 예배하는 모습이다. 욥에게서 그 모습을 발견한다.

  욥기 1장에서 보이는 그는 진정한 예배자라고 불릴 수 있다. 욥은 그가 예배할 하나님이 자기에게 어떤 분이신지를 분명히 알았다. 그 사실이, 누구도 지금은 예배할 때는 아니라고 말할 수밖에 없을 상황에서도 욥으로 하여금 예배할 수 있게 했다. 욥은 어느 날 청천벽력 같은 소식을 접한다. 그의 자녀가 모두 죽고, 그의 엄청난 소유물도 모두 잃어버렸다는 것이다. 그 처참한 소식을 듣고 나서 욥이 취한 행동은 우리를 당황하게 한다. 그가 어떤 행동을 취했는지를 욥기에서 이렇게 기록하고 있다.

"욥이 일어나 겉옷을 찢고 머리털을 밀고 땅에 엎드려 예배하며 이르되 내가 모태에서 알몸으로 나왔사온즉 또한 알몸이 그리로 돌아가올지라 주신 이도 여호와시요 거두신 이도 여호와시오니 여호와의 이름이 찬송을 받으실지니이다 하고 이 모든 일에 욥이 범죄하지 아니하고 하나님을 향하여 원망하지 아니하니라"(욥 1:20-22).

욥이 겉옷을 찢고 머리털을 밀고 땅에 엎드렸다고 한다. 여기까지는 누구나 충분히 이해하고도 남을 일이다. 그런데 욥이 하나님을 예배하며 하나님의 이름을 찬양했다고 한다. 도대체 지금이 어떤 상황인데……. 그가 처한 상황을 헤아려 본다면, 예배한다는 것은 생각하기조차 힘든 일일 뿐 아니라, 그 상황에서 하는 예배의 행위는 어쩌면 가식적인 일처럼 느껴질 수도 있다. 욥에게 일어난 일들이 실제로 우리 중 누군가에게 일어난다면, 그 누가 욥처럼 예배의 자리로 나아가, 하나님이 하신 일이니 그 일이 의로우시다고 하면서 하나님의 이름이 높임을 받으시라는 고백을 할 수 있겠는가? 그렇게 할 수 없는 것이 오히려 자연적인(natural) 일이다. 그러나 자연적이라는 것에 묶이지 않고 그 법칙을 넘어서서 예배해야 할 때가 있다. 그리고 그럴 때, 그것은 진정한 예배가 된다.

기쁜 일이 넘칠 때는 손뼉치며 목소리 높여 노래하며, 하나님은 신실하신 분 전능하신 나의 하나님이시라고 찬양하며 예배하는 것은 지극히 자연적인 일이다. 그렇게 해야 한다. 그러나 쓰라린 실패를 경험하거나 슬픈 일이 겹겹이 쌓일 때, 그런 일이 없을 때처럼 예배하는 것은 생각만큼 쉽지 않다. 그것이 자연적이다. 그러나 진정한 예배자는 자연적인 것에만 순응하는 예배자가 아니라, 자연적인 법칙을 넘어서서 자유하며 예배하는 자다. 이 일이 저절로 되면 좋겠지만, 그렇게 되지 않는다. 그때는 우리의 결단이 필요하다. 우리를 참으로 자유하게 하시는 성령에 이끌린 결단이 필요한 것이다.

자연적이라는 테두리에 묶이지 않을 때, 우리는 자유하며 예배할 수 있다. 욥이 아마도 그렇게 예배하는 사람인 듯하다. 욥이 하나님을 예배했다고 한다. 욥이 분노하며 그날에 하나님을 떠났다는 표현이 오히려 더 어울리는 상황이다. 나중의 일이지만, 욥의 아내는 실제로 그렇게 말했다. "이래도 당신은 여전히 신실함을 지킬 겁니까? 차라리 하나님을 저주하고서 죽는 것이 낫겠습니다"(욥 2:9, 표준새번역). 그런데 욥은 하나님을 찬양하며 예배했다고 한다. 그가 이런 상황에서조차 하나님을 예배할 수 있는 힘은 도대체 어디에서 오는 것일까? 자녀가 조금만 다쳐도 심장이 뛰어서 다른 것은 생각할 겨를조차 없는 것이 부모의 마음인데, 자녀 모두 목숨을 잃은 이런 극도의 처참함 앞에서 슬픔을 이길 사람이 과연 누가 있을까. 욥도 틀림없이 그런 심정이었을 것이다. 처참한 일은 현실이고, 슬픔은 감출 수 없는 사실이다. 그래서 욥도 그 감당 못할 슬픔에, 먼저 그의 겉옷을 찢을 수밖에 없었고, 그의 머리털을 밀지 않을 수 없었으리라.

　우리는 감정을 배제하고 살 수 없다. 감정은 지극히 자연적인 것이다. 우리의 예배도 그렇다. 예배에는 감정이 동반된다. 그렇지 않다면, 예배가 진실을 잃어버린 의식으로 남게 될 수 있다. 예배는 꾸미지 않은 정직한 마음으로 해야 한다. 그래서 예배에는 기쁨이 있다. 눈물이 있다. 가슴이 뛴다. 그러나 정직하고 진실한 예배라는 것이, 꼭 우리의 감정에 충실해야 함을 말하는 것은 아니다. 예배에는 우리의 감정이 들어 있지만, 예배는 우리의 감정에 의존해서 행해지는 것이 아님을 기억해야 한다.

　진정한 예배는 예배자의 감정이 아니라, 하나님의 성품에 충실한 예배다. 욥이 느꼈을 감정으로는 그 상황에서 결코 예배할 수 없다. 그때가 하나님을 찬양하며 예배할 때라는 생각을 떠올리는 것은 기대할 수 없는 상황이다. 결과 지향적인 예배, 상황에 의존적인 예배에 익숙한 사람이라면, 그때는 분명 예배할 때가 아니다. 그 누구도 예배할 수 없다.

　그러나 욥은 바로 땅에 엎드려 하나님을 예배한 것이다. 그리고 찬양의 고백을 한다.

예배의 근거

　무엇이 그로 하여금 이런 상황에서도 하나님을 예배하게 하였을까? 그가 하나님을 향해 원망을 쏟아내는 대신, 오히려 예배하며 하나님이름을 높일 수 있었던 이유는 과연 어디에 있는가? 욥이 땅에 엎드려서 했던 고백을 주목해 보자.

"⋯⋯주신 이도 여호와시요 거두신 이도 여호와시오니 여호와의 이름이 찬송을 받으실지니이다⋯⋯"(욥 1:21).

욥이 하나님을 예배하는 근거는 주신 '것'이나 다시 거두어 가신 '것'에 있지 않았다. 주신 '이'와 거두신 '이'에 있었다. 욥은 그가 누린 복이나 그에게 닥친 상황이 아니라, 그가 예배하는 근거를 하나님에게 두었다. 그의 인생에 찾아온 이런 절망적인 사건들 속에서도, 하나님은 여전히 그 사건들뿐만 아니라, 그의 인생 모든 일에 선하신 주관자가 되신다는 절대적 사실에 그의 마음을 둔 것이다. 그랬기에, 그 누구도 예배할 때라고 생각할 수 없는 바로 그때에, 그는 하나님을 예배하기로 결단한다. 그리고 담담히 하나님을 예배하는 자리로 나아간다. 사람의 눈으로 보기에는 분명 처참한 불행일 뿐인 상황이지만, 그 상황조차도 욥으로 하여금 하나님을 예배하지 못하도록 그의 정체성을 무너뜨리지 못했다. 그의 마음은 크나큰 슬픔으로 가득 차 있었겠지만, 그 감정조차도 욥이 하나님을 예배하지 못하도록 막아서지는 못했다. 하나님과 그의 관계가 완전히 무너져 버리기에 충분한 현장이 오히려 진정한 관계가 여실히 드러나는 현장이 되었다. 욥은 자기 인생의 중심에 계시는 그의 하나님을 잃어버리지 않았다.

　욥이 땅에 엎드려서 했던 그 고백은 하나님을 향한 멋진 찬양이다. 사탄의 어리석은 기대를 처참하게 무너뜨릴 뿐만 아니라, 그를 당혹스럽게 만들 만한 참으로 기막힌 선포이다. 사탄은 이 시대를 살아가는 우리의 인생에도 지대한 관심이 있다. 우리 삶의 곳곳에 자신의 영향력을 끼치려고 달려든다. 우리를 무너뜨리기 위해 얼마나 분주한지 모른다. 욥이 그랬던 것처럼, 우리도 거짓 영의 기대를 뛰어넘어서 그를 당혹하게 할 믿음의 결단들로 우리 삶을 가득 채워야 하지 않겠는가. 욥이라는 사람이 그렇게 했다면, 우리도 그렇게 할 수 있지 않겠는가. 더구나 우리에게는 언제나 우리를 도우시는 성령이 계시지 않는가. 상황이 우리를 지배하지 않도록 하자. 혹, 우리가 모든 것을 이해하지 못한다 하더라도 하나님을 신뢰하며 결단하자. 그것이 우리로 하여금 자유하며 예배하도록 이끌 것이다.

　욥은 그 사건이 발생하게 된 이유를 알지 못했다. 그 이유의 실마리조차 찾을 수 없었다. 아주 뛰어난 추리와 논리, 그리고 신앙을 가진 그의 친구들도 그 이유를 알지 못했다. 하나님이 그 누구에게도 하나님의 생각을 귀띔해 주지 않으셨다. 욥에게 일어난 사건의 전말을 이미 다 알고 욥기를 읽는 우리는 욥기의 대부분에 해당할 만큼 길고도 지루한 여러 주장을 읽어 가며, 아무것도 모르면서 끊임없이 논쟁하는 그들을 향해서 이런 생각을 하게 된다.

'이 어리석은 사람들아…….'

하나님께서도 그렇게 생각하셨다. 급기야는 하나님께서 그들의 논쟁을 중단하신다. "무지한 말로 생각을 어둡게 하는 자가 누구냐 너는 대장부처럼 허리를 묶고 내가 네게 묻는 것을 대답할지니라"로 시작하시는 하나님의 말씀(욥 38-42장)은 마치 "사람아, 네가 누구냐? 너희가 도대체 무엇을 아는데?" 하고 말씀하시는 것 같다. 만약 그들에게도 이 사건의 시작을 기록한 욥기 1-2장에 있는 내용이 모두 알려져서 그들이 사전에 하나님의 생각을 알았다면, 그들은 아마도 욥을 만나서 이런 무의미한 토론을 하지 않았을 것이다. 오히려 믿음의 고백으로 욥과 함께 하나님의 이름을 높이지 않았겠는가. 우리 인생에 일어나는 일들을 다 이해하지 못하더라도, 선하신 하나님이 우리 인생을 주관하신다는 진리를 붙잡고 있다면, 우리는 어떤 상황에서도 부질없는 일로 시간을 보내지 않고, 믿음의 고백으로 하나님을 찬양할 수 있을 것이다.

예배의 이유는 사건에 있지 않다. 하나님께 있다. 예배의 동기는 내 감정에 있지 않다. 하나님께 있다. 우리로 하여금 춤추며 기뻐할 만하게 복을 주시며 우리 삶을 인도해 가실 때에도, 그 상황 때문이 아니라, 그 상황의 주관자 되시는 하나님으로 인하여 예배할 수 있어야 한다. 재를 뒤집어써야 할 만큼 비참한 상황을 맞게 되어도, 그 상황의 주관자 되시는 하나님으로 인하여 예배할 수 있어야 한다. 그것이 하나님을 예배하겠다고 하는 자의 모습이다.

사선을 넘어서 구출된 사람의 간증을 들을 때가 있다. 현대 의학의 한계를 뛰어넘어서 다시 살게 된 사람들의 간증을 들을 때가 있다. 이겨 내기 어려운 역경을 딛고 성공한 사람들의 이야기를 들을 때도 있다. 그럴 때, 그 내용을 전하는 간증자에게 초점이 맞추어지는 것이 아니라 하나님께서 하신 일에 초점이 맞추어진다면, 그것은 듣는 모두에게 은혜가 될 뿐만 아니라 하나님을 찬양하는 고백이 된다. 그런 간증이라면 우리가 함께 모여 예배할 때, 하나님의 이름을 높이는 우리 예배의 소중한 한 부분이 될 수 있다. 그런데 우리가 간증에 대해 잘못 생각하는 것이 있다. 간증은 성공담이어야 한다는 생각이다. 힘들고 어려운 상황이 성공적으로 종료된 후, 또는 오랜 세월 기도한 것이 원하는 대로 응답을 받은 후에야 감격하면서 간증을 해야 한다고 생각한다. 어떤 일이 해결되지 않고 여전히 진행하고 있을 때, 그 고통스러운 일의 끝이 전혀 보이지 않을 때, 기대하고 원하는 성공적인 결말이 아직 보장되지 않을 때, 아직은 사방이 꽉 막혀 있는 현실밖에 말할 것이 없다고 생각될 때, 그때는 누구도 지금은 간증할 때라고 생각하지 않는다. 그 이유는, 그 상황 속에서 하나님을 발견하지 못하기 때문에 그렇다. 간증은 성공을 말하는 것이 아니다. 하나님의 성품을 말하는 것이다. 우리가 처해 있는 상황에 몰두하다 보면, 우리는 하나님을 잊어버리기 쉽다. 하나님이 지금 우리와 함께하신다는 사실을 기억하지 못하게 된다. 그리고 하나님이 그 상황의 주관자가 되신다는 사실을 기억해 내지 못하게 된다.

'그·러·나'

가나의 혼인 잔치에서 포도주가 떨어져 가고 있다. 잔치에 꼭 필요한 포도주가 이제 더 이상 없다는 것은, 잔치를 망쳐 버릴 수 있는 심각한 문제가 된다. 그러나 주님이 지금 계시는 그곳에서 포도주가 떨어졌다는 것은 절망의 이유가 아니라, 오히려 최고의 포도주를 맛볼 멋진 기회를 제공해 주는 배경이 된다. 지금 내 인생이 마치 포도주가 떨어진 잔치와도 같은 상황인가? 그 상황은 오히려 복이요, 감사의 이유가 될 수 있다. 이제 곧, 내 인생에 임재해 계시는 주님으로부터 만들어지는 최고의 포도주를 맛보게 될 것이기 때문이다.

치료하기 어려운 병에 걸린 사람이 의사로부터 절망적인 이야기만 듣고 있을 때, 육체적으로 정신적으로 또는 물질적으로 견디기 어려운 시련의 시간을 지나고 있을 때, 혹 사랑하는 자녀가 돌이키기 어려울 만큼 하나님의 말씀에 어긋나게 살고 있을 때, 그때, 지금 내 고통스러운 상황의 끝은 보이지 않지만, 주님이 지금도 여전히 나의 하나님이시고 나의 힘이시라고 고백할 수 있다면 얼마나 좋겠는가. 하나님께서 내가 간구하는 대로 이 상황을 바꾸어 가지 않으실지라도, 나의 하나님은 여전히 선하시다고 고백하면서, 하나님의 이름을 높일 수 있다면 얼마나 좋겠는가. 그 고백을 들으시는 하나님은 참으로 흐뭇하실 것이다. 그러한 간증은 이런저런 모양으로 힘들고 두려운 시간을 지나고 있는 사람들에게 큰 힘을 줄 것이며, 또 하나님만을 의지하며 섬기겠다는 헌신과 결단으로 이어지게 할 것이다.

시편의 많은 시는 저자가 고난 중에 있을 때에 쓴 것이다. 시편 102편도 그런 시들 중 하나이다. 그 고난이 얼마나 힘든 것이었는지, 이렇게까지 고백한다.

"내 날이 연기같이 소멸하며 내 뼈가 숯같이 탔음이니이다 내가 음식 먹기도 잊었으므로 내 마음이 풀 같이 시들고 말라 버렸사오며 나의 탄식 소리로 말미암아 나의 살이 뼈에 붙었나이다 나는 광야의 올빼미 같고 황폐한 곳의 부엉이같이 되었사오며 내가 밤을 새우니 지붕 위의 외로운 참새 같으니이다 내 원수들이 종일 나를 비방하며 내게 대항하여 미칠 듯이 날뛰는 자들이 나를 가리켜 맹세하나이다 나는 재를 양식 같이 먹으며 나는 눈물 섞인 물을 마셨나이다 주의 분노와 진노로 말미암음이라 주께서 나를 들어서 던지셨나이다 내 날이 기울어지는 그림자 같고 내가 풀의 시들어짐 같으니이다"(시 102:3-11).

얼마나 힘든 상황인지, '주의 분노와 진노로…… 주께서 나를 들어서 던지셨나이다'라고까지 표현하고 있다. 우리에게도, 하나님 앞에 이렇게 마음을 토해 낼 수밖에 없는 기가 막히고도 절망적인 상황이 찾아올 때가 있다. 불의의 사고, 치유되기 어려운 질병, 헤쳐나갈 방도가 없는 재정 위기, 또는 가정의 갖가지 문제들로 고난의 끝이 보이지 않는 상황이 지금 우리를 에워싼 현실일 수도 있다. 죽지 못해 산다는 사람들도 있다. 살 희망이 어디에 있으며, 살아야 하는 이유가 도대체 어디에 있느냐고 말하는 사람들도 있다. 이 시편의 저자도 아마 그런 사람 중 하나였을 것이다.

그런데 그런 기막힌 상황으로 인해 신음조차 낼 수 없던 저자가 이 시를 마칠 때에는 전혀 다른 사람이 된 것처럼 말한다. 견고한 소망을 가지고 하나님을 찬양하며 시를 마친다.

"천지는 없어지려니와 주는 영존하시겠고 그것들은 다 옷같이 낡으리니 의복같이 바꾸시면 바뀌려니와 주는 한결같으시고 주의 연대는 무궁하리이다 주의 종들의 자손은 항상 안전히 거주하고 그의 후손은 주 앞에 굳게 서리이다"(시 102:26-28).

말로 표현할 수도 없던 절망의 탄식이 어떻게 이런 엄청난 소망의 찬송으로 바뀌게 되었을까? 도대체 어디에서 이런 고백이 터져 나오게 되었을까? 12절에 있는 그의 선언에서 놀라운 반전의 이유를 찾을 수 있다.

"여호와여 주는 영원히 계시고 주에 대한 기억은 대대에 이르리이다."

개역한글이나 개역개정 성경에는 '여호와여 주는……'이라고 시작되지만, 원문을 살펴보면, 바로 그 앞에 '그러나'라고 번역할 수 있는 말이 있다. 그 단어를 넣고 번역해 보면 이렇다. '그러나 여호와여 주는 영원히 계시고…….' 내가 처한 상황에 몰두해서 지금까지는 "나는……나는……나는……말라 가는 풀과 같습니다" 하고 한탄하던 것이, 나 자신과 그 상황에서 눈을 떼고, '그·러·나' 하면서 하나님을 바라본다. 그러자 이제는 하나님이 영원히 계시다고 선언할 수 있게 된다. 하나님이 영원히 계시다고 표현된 이 말은 하나님이 영원히 보좌에 계시다는 의미를 담고 있다. 즉, 하나님이 주권을 가지고 다스리신다는 고백을 하는 것이다. 그 고백은 처절하기만 한 자신의 상황을 이제 영원히 다스리시는 하나님의 주권 아래 놓여 있는 삶으로 새롭게 보게 한다.

우리 삶에서도, 절망이 우리의 소망을 조금도 남김없이 모두 삼켜 버릴 것 같은 때가 있다. 지금껏 우리가 붙들고 있던 믿음이 과연 참 믿음인가 싶을 때도 있다. 그때 우리는 어떻게 반응하는가? 바로 그때가 우리의 인생에서 '그·러·나'의 모멘트(moment)를 선언해야 할 때이다. 이 선언은 지금이 바로 예배할 때라고 선포하는 것과도 같다. 모든 것 위에 하나님의 이름을 높일 때라고 선포하는 것이다. 그러므로 우리의 인생에서 만나는 '도저히 예배할 수 없을 때'라고 말할 수 있는 상황은 어쩌면 '지금이 바로 예배해야 할 때'라고 우리의 삶을 향해서 외치는 '예배로의 부름'이 아닐까. 이렇게 선포하면서 말이다.

"그·러·나 하나님은 영원히 나를 다스리시는 분이십니다! 그러므로 이제 우리 하나님을 예배합시다."

우리가 '그·러·나'의 모멘트를 선언하고 그 부름에 반응하고 일어설 때, 우리도 이 시편의 저자와 함께 이렇게 고백할 수 있다.

> "여호와께서 시온을 건설하시고 그의 영광 중에 나타나셨음이라 여호와께서 빈궁한 자의 기도를 돌아보시며 그들의 기도를 멸시하지 아니하셨도다"(시 102:16-17).

이 고백은 참으로 놀랍다. 여전히 해결되지 않은 절망의 고통 속에서 하는 고백이기 때문이다. 이 말 속의 동사들을 살펴보면, 히브리어 원어로는 모든 동사가 완료형으로 표현되어 있다. '건설하시고', '나타나셨음이라', '돌아보시며', '멸시하지 아니하셨도다'라는 말들은 모두 이미 이루어진 완료형 동사들이다. 즉, '건설하셨고', '나타나셨고', '돌아보셨고', '멸시하지 아니하셨다'라는 말이다. 그러므로 단순한 기대나 소원을 나타내고 있는 것이 아니다. "그러나 하나님은 영원히 나를 다스리시는 분이십니다" 하며 하나님의 주권을 인정하고 나서 믿음의 눈으로 보니, 모두 이미 그렇게 이루어진 일이라는 것이다. 그래서 이제는 이런 찬송을 부를 수 있을 것같이 되었다.

"주 안에 기쁨 누림으로 마음의 풍랑이 잔잔하니, 세상과 나는 간 곳

없고, 구속한 주만 보이도다."

이제는 하나님을 찬양할 수 있다. 눈으로 보기에는 아직 아무 일도 일어나지 않았지만, 하나님의 이름을 높이며 경배할 수 있다. 우리가 찬양하는 이유와 우리가 예배하는 이유를 하나님의 성품에 둔다면, 우리는 언제나 예배할 수 있다. 아무것에도 제한받지 않고 예배할 수 있다. 그 어떤 것도 우리의 예배를 막지 못한다.

무엇이 공급되었을 때, 이것을 주신 이는 하나님이라고 고백하며 감격으로 예배하는 것은 그리 어려운 일이 아니다. 그러나 무엇을 잃어버렸을 때도, 하나님은 존귀하시고 능력이 많으시고 신실하시며, 여전히 나의 하나님이라고 고백하며 예배하기를 모두에게 기대한다는 것은 지나친 일일지 모른다. 그것은 참으로 하나님이 어떤 분인지를 알고, 믿고, 섬기는 사람에게서만 기대할 수 있기 때문에 그렇다.

주는 나의 하나님

하나님은 이스라엘 백성에게서 그런 예배자를 원하셨다. 이 시대를 사는 우리에게도 마찬가지로 그런 예배자를 요구하신다. 어떤 일이 일어났고 그것이 내게 유익이 될 때만 전능하신 하나님이시라고 하면서 예배할 수 있다면, 우리는 상황에 따라 하나님을 예배하는 우상 숭배자로 전락하고 말 것이다. 우리를 예배하도록 하는 것은 상황이 아니라 하나님이시다.

진정한 예배는 "주는 나의 하나님이시요, 나는 주의 백성이라" 하는 고백에 뿌리를 두고 있다. 그 고백이 우리가 예배하는 근거이다. 그 고백은, 우리가 어떤 상황에서도 하나님이 모든 것의 주관자 되심을 인정하며, 그의 선하신 섭리 안에서 예배할 수 있도록 한다. 그것에 근거할 때만 우리는 상황을 넘어 하나님께 집중하며 진정으로 예배할 수 있다. 어떤 사건들 앞에서도 우리 인생이 하나님의 주권 아래 있음을 누릴 수 있게 한다. 그 누림 속에서 하나님을 진정으로 예배하는 찬송이 터져 나올 것이다. 그리고 예배가 마치면, 우리를 둘러싼 상황이 아직 변하지 않았다 할지라도, "주는 나의 하나님이시라" 하는 고백이 우리 삶 곳곳에서 묻어나올 것이다.

진정한 예배는 환경에 기인하지 않는다. 하나님과의 관계에서 발견한 "주는 나의 하나님이 되시고, 나는 하나님의 백성이라"는 정체성에서 진정한 예배가 기인한다. 시편 95편이 바로 그것을 우리에게 선명하게 보여준다.

"오라 우리가 굽혀 경배하며 우리를 지으신 여호와 앞에 무릎을 꿇자"

왜냐하면,

"그는 우리 하나님이시요 우리는 그가 기르시는 백성이며 그의 손이 돌보시는 양이기 때문이라."

상황으로만 결정한다면 우리의 인생에 뭐 그리 뛰면서 기쁨으로 예배하러 나올 일이 얼마나 있겠는가? 하나님이 우리 하나님이시기에 그렇게 고백하며 예배의 자리로 나와 하나님을 찬양하며 예배하는 것 아니겠는가? 그리고 그곳에서 우리의 눈이 하나님을 향하고, 하나님의 섭리를 발견하고, 재 대신 화관을 주시는 하나님을 우리가 참으로 깊이 만나는 것이 아니겠는가?

하나님은 어제도, 오늘도, 내일도 여전히 나의 하나님이시다. 그것이면 우리가 예배할 이유로 충분하지 않은가?

오래전 영국에서 사역하는 어떤 목사님이 손녀에게 시편 23편을 외우도록 했다고 한다. 어느 날 저녁, 그 손녀를 무릎에 앉히고는 외운 것을 한번 암송해 보라고 했다. 손녀가 1절을 또박또박 암송하는데 어쩐 일인지 조금 다르게 암송했다.

우리가 잘 아는 대로 원래는 이렇게 된다.

"The LORD is my shepherd, I shall not be in want."

"여호와는 나의 목자시니 내게 부족함이 없으리로다"

하지만 손녀는 이렇게 암송했다.

"The LORD is my shepherd, that's all I want."

"여호와는 나의 목자시다. 그거면 된다."

주는 나의 하나님이시다. 내가 사는 이유도, 내가 예배하는 이유도 그거면 되지 않은가?

3
물이 새는 웅덩이를 제거하다
***

하나님의 자리에 무엇이

이스라엘 민족이 멸망했다. 북 이스라엘도 남 유다도 모두 멸망했다. 예레미야는 그 멸망의 원인을 이렇게 말한다.

"참으로 나의 백성이 두 가지 악을 저질렀다. 하나는, 생수의 근원인 나를 버린 것이고, 또 하나는, 전혀 물이 고이지 않는, 물이 새는 웅덩이를 파서, 그것을 샘으로 삼은 것이다"(렘 2:13, 표준새번역).

생수의 근원을 버리고 나면 그 생수를 대신할 물이 필요하다. 새로운 웅덩이를 파서 생수를 대신하려 해 보지만, 그 웅덩이에서는 생수를 대신할 물을 구할 수 없다. 우리 시대의 말로 하면, 물을 버리고 콜라나 아이스크림으로 물을 대신하고자 한다는 것으로 이해할 수 있겠다. 물이 필요한 사람에게 콜라나 아이스크림을 준다면 어떨까? 톡 쏘는 맛이나 달콤함으로 잠시 우리 혀를 자극할지는 모르나, 오히려 더욱 물을 찾게 할 뿐이다. 잠시 시원함을 느끼게 할지는 모르나, 오히려 더욱 물을 찾게 한다. 우리에게는 물이 반드시 필요하기 때문이다.

하나님의 형상으로 만들어진 사람은 하나님 없이 살 수 없다. 하나님이 필요하다. 생수의 근원이 되시는 참 하나님을 버리면, 그 자리를 대신할 다른 것을 찾는다. 그러나 그 다른 것이라는 것은 밑 빠진 웅덩이처럼 결코 생수를 공급할 수 없는 우상에 불과하다.

하나님은 "나 외에는 다른 신은 없느니라"고 선언하시면서 하나님 한 분만을 섬기라 명하셨다. 우상을 만들지 말고 그것들을 섬기지 말라고 하셨다. 하나님은 다른 어떤 것들과 대립하거나 비교되기를 원하지 않으셨다. 하나님만 받으시기에 합당한 영광과 찬송을 다른 어떤 존재와 공유하거나 다른 것들에게 돌려지는 것을 원하지 않으셨다.

> "나는 여호와이니 이는 내 이름이라 나는 내 영광을 다른 자에게, 내 찬송을 우상에게 주지 아니하리라" (사 42:8).

우상을 숭배하는 일은 하나님께 맞서는 것이다. 하나님의 명령에 대항하여 맞서는 것이다. 우상만을 섬기든, 혹은 하나님을 섬긴다고 하면서 여전히 우상도 버리지 못하고 우리 삶에 어떤 모양으로든 영향을 끼치게 한다면, 우리는 이미 하나님의 명령을 거역하고 있는 것이다. 이것은 하나님도 우상 중 하나쯤으로 여기는 것과 다를 바 없으며, 결국은 하나님을 멸시하고 그 이름을 욕되게 하는 일이다. 그런데도 사람들은 하나님만이 속하셔야 하는 범주에 수많은 우상이 자리 잡도록 하고 있다. 우리의 삶이 그것에 의해 영향을 받기를 기대하면서 말이다.

우상은 여러 가지 이름으로, 다양한 모양으로 우리의 삶에 서성거린다. 그것은 우리의 눈에 보이는 형상으로 존재해서, 하나님이 아니라 그것을 의지하여 섬기며 살아가게 하는 것들이다. 또한 우리의 눈에 보이지 않는 것으로도 존재해서, 우리의 마음을 주체할 수 없이 빼앗아 버리는 것이다. 그것이 어떤 것이든 그것에 의존하고, 집착하고, 그것을 좇아 살게 한다. 우상은 우리의 생각 속에 존재해 우리 행동을 결정하도록 하는 가치관, 즉 하나님의 말씀을 벗어난 가치들로 형성된 가치관일 수도 있다. 그것은 우리 삶에 꼭 필요한 것들로 혹은 우리가 추구하거나 누리고자 하는 것들의 모양으로 우리의 삶에 자리 잡을 수도 있다. 우상은 어떤 모양이든지, 하나님의 말씀이 우리 삶을 다스리고 지배하기를 우리로 하여금 거부하도록 이끈다. 우상 숭배는 하나님이 하나님 되시게 하기를 원치 않는 것, 다시 말해 하나님 아닌 다른 것이 하나님의 자리에서 우리를 통치하도록 하는 것이다. 사람이든, 물건이든, 관계이든, 일이든, 추구하는 어떤 것이든, 추상적인 어떤 것이든, 개념이든, 이론이든, 그 무엇이든지 우리 삶을 하나님과 관계없이 그것들에 이끌려 움직이게 하는 우상이 될 수 있다.

이러한 우상이 생성되는 근원은 어디에 있을까? 우상 숭배의 깊은 내면을 들여다보면, 우상은 다른 것이 아니라 바로 내가 내 인생의 주인이 되고자 하는 마음에서 만들어짐을 알 수 있다.

사람은 하나님의 형상으로 만들어졌다. 이 사실이 갖는 의미 중 하나는, 사람은 하나님이 만드신 창조물과의 관계에서 그것들을 다스리는 권한을 받았다는 것이다. '형상'이라는 말의 히브리어는 옛날 우리나라의 마패처럼, 고대 사회에서 왕을 대리하는 자에게 주어진 표를 가리킬 때 사용된 말이기도 하다. 왕 자신을 상징하기도 한다. 그러므로 하나님의 형상으로 만들어졌다는 것은, 다른 피조물들을 다스리는 하나님의 권한이 사람에게 주어진 것으로 이해한다.

> "하나님이 이르시되 우리의 형상을 따라 우리의 모양대로 우리가 사람을 만들고 그들로 바다의 물고기와 하늘의 새와 가축과 온 땅과 땅에 기는 모든 것을 다스리게 하자 하시고······하나님이 그들에게 복을 주시며 하나님이 그들에게 이르시되 생육하고 번성하여 땅에 충만하라, 땅을 정복하라, 바다의 물고기와 하늘의 새와 땅에 움직이는 모든 생물을 다스리라 하시니라"(창 1:26, 28).

그러나 사람이 우상을 숭배한다면 이것을 뒤집어 놓는 일이 된다. 하나님의 형상을 버리는 것과 같은 행위다. 하나님께 속하기를 거부하고, 하나님의 주권을 거역하는 것이다. 다스리게 되어 있는 창조물들을 도리어 섬기기로 한 것이 우상 숭배이다. 사도 바울은 로마서에서 이렇게 경고한다.

"하나님을 알되 하나님을 영화롭게도 아니하며 감사하지도 아니하고 오히려 그 생각이 허망하여지며 미련한 마음이 어두워졌나니 스스로 지혜 있다 하나 어리석게 되어 썩어지지 아니하는 하나님의 영광을 썩어질 사람과 새와 짐승과 기어다니는 동물 모양의 우상으로 바꾸었느니라……이는 그들이 하나님의 진리를 거짓 것으로 바꾸어 피조물을 조물주보다 더 경배하고 섬김이라……"(롬 1:21-23, 25).

하나님의 영광을 피조물들의 우상으로 바꾸었다는 말은 하나님을 피조물들과 바꾸어 놓았다는 말이다. 그러니 이제는 피조물을 하나님인 줄로 아는 것이다. 그래서 피조물을 조물주보다 더 경배하고 섬길 수밖에 없게 된다. 우상 숭배는 눈에 보이는 것이든, 보이지 않는 것이든 이렇게 우상을 앞세운다. 그러나 우상 숭배는, 사실은 사람이 자기 인생에서 하나님이 되겠다는 마음에서 나온다. 이런 가치관이 우리 삶을 주장하게 될 때, 하나님을 섬긴다는 것은 불가능하다. 우리 인생을 향한 하나님의 뜻이 아니라 내 뜻을 이루어서, 내가 원하는 것을 얻고 그것을 이루려고 하나님의 다스리심을 거부하며 살게 된다. "뜻이 하늘에서 이루어진 것같이 땅에서도 이루어지이다" 하고 기도할지라도, 정작은 내 뜻을 고집하며 하나님을 거역한다. 사무엘은 하나님을 거역하는 것과 완고한 것에 대해 언급하면서, 이것들은 우상 숭배하는 것과 같다고 경고한 바 있다.

"……거역하는 것은 점치는 죄와 같고 완고한 것은 사신 우상에게 절하는 죄와 같음이라……"(삼상 15:23).

내 뜻을 고집하는 것은 탐욕도 불러일으킨다. 예수님은 한 부자의 이야기를 통해 탐욕이 어떤 것인지에 대해 말씀하신다. 그 부자는 이런 생각을 하면서 살고 있다.

"……내가 곡식 쌓아 둘 곳이 없으니 어찌할까 하고 또 이르되 내가 이렇게 하리라 내 곳간을 헐고 더 크게 짓고 내 모든 곡식과 물건을 거기 쌓아 두리라 또 내가 내 영혼에게 이르되 영혼아 여러 해 쓸 물건을 많이 쌓아 두었으니 평안히 쉬고 먹고 마시고 즐거워하자……"(눅 12:17-19).

이 이야기에는 거슬리도록 많이 등장하는 단어가 있다. '내'라는 단어이다. 이 짧은 몇 마디 말에 이 단어가 여섯 번이나 등장한다. 그러나 헬라어 원문의 표현에는 무려 열두 번이나 등장한다. 문자 그대로 번역해서 읽는다면 편한 마음으로 읽을 수 없을 것이다. 우리말로 표현하는 데 어색하지 않도록 하다 보니 그나마 여섯 번으로 그치게 된 것이다. 탐욕은 이렇게 온통 '나'로 가득 차 있다. 탐욕이 있는 자의 삶에서는 하나님을 찾아볼 수 없다. 하나님의 자리에 내가 자리 잡고 있는 것이다. 성경은 탐욕을 우상 숭배라고 규정한다. "……탐심은 우상 숭배니라"(골 3:5).

자기 소견에 옳은 대로

하나님의 다스림을 거부하고 살 때, 우리가 원하는 바에 따라 하나님은 우리의 섬김의 대상이 될 수도 있고 그렇지 않게도 될 수 있다. 하나님이 나의 왕 되심을 인정하지 않고 내 생각에 옳은 대로 삶을 살게 되는 것이다. 사사기의 마지막 절이 그것을 정확하게 표현해 주고 있다.

"그 때에 이스라엘에 왕이 없으므로 사람이 각기 자기의 소견에 옳은 대로 행하였더라"(삿 21:25).

이스라엘에 왕이 없었다. 사실 그들이 원하는 왕이 없었을 뿐이지, 그들에게는 언제나 왕이 있었다. 그 왕은 바로 하나님이셨다. 그러나 그들은 하나님의 왕 되심을 거부했다. 사무엘을 통해 그것이 증언된다. 이스라엘 백성이 이웃 민족들처럼 왕을 세워서 자기들을 다스리게 해달라고 종용하자, 하나님은 사무엘에게 이렇게 말씀하신다.

"……백성이 네게 한 말을 다 들으라 이는 그들이 너를 버림이 아니요 나를 버려 자기들의 왕이 되지 못하게 함이니라"(삼상 8:7).

하나님의 왕 되심을 인정하지 않을 때, 그들은 각각 그들이 생각하기에 옳다고 여기는 대로 행했다. 그렇다면 그들이 옳다고 여겨서 행한 일들은 과연 무엇이었을까? 사사기를 읽으면 쉽게 그 일들을 찾을 수 있다. 사사기는 같은 패턴의 일들을 반복적으로 기록하고 있다. 그 패턴은 이렇다. 백성이 하나님을 떠나 범죄하고, 그 결과 이방 민족들에게 패하여 지배를 받고, 백성이 하나님께 부르짖고, 하나님은 사사들을 세우셔서 백성을 구하신다. 다시 백성은 하나님을 떠나 범죄하고, 그 결과 이방 민족들에게 패하여 지배를 받고……. 이러한 똑같은 주기가 계속된다. 그 주기의 시작은 백성의 범죄이다. 그런데 이 범죄라는 것이, 어떻게 매번 그럴 수 있었을까, 하는 생각이 들 만큼 언제나 같았다. 그들은 늘 이런 식이었다.

"이스라엘 자손이 다시 여호와의 목전에 악을 행하여 바알들과 아스다롯과 아람의 신들과 시돈의 신들과 모압의 신들과 암몬 자손의 신들과 블레셋 사람들의 신들을 섬기고 여호와를 버리고 그를 섬기지 아니하므로"(삿 10:6).

그들이 그토록 원했던 일, 그들의 생각에 옳다고 여겨서 기를 쓰고 행한 일은 다름 아닌 우상 숭배였다. 하나님을 버리고, 그들의 생각에 좋아 보이는 우상은 어느 것이든 섬겼다. 반복되는 역사를 통해 배울 수도 있었을 텐데, 그들은 어찌 그리도 목숨을 내놓고 우상들을 섬기기를 갈망했을까. 그들의 열심이 얼마나 특별했는지, 이런 일까지도 있었다. 요아스의 아들 기드온이 하나님께로 돌아와 예배하기 위해, 바알의 단을 헐고 아세라 상을 찍어 버리고 그 찍은 아세라 나무로 번제를 드린 적이 있었는데, 밤사이에 그 우상과 제단이 없어져 버린 것을 안 사람이 심지어 이런 반응까지 보였다.

"성읍 사람들이 요아스에게 이르되 네 아들을 끌어내라 그는 당연히 죽을지니 이는 바알의 제단을 파괴하고 그 곁의 아세라를 찍었음이니라……"(삿 6:30).

우상 숭배는 이렇게 걷잡을 수 없는 지경까지 사람들을 몰아간다. 하나님의 백성 이스라엘에게, 우상 숭배를 버리고 하나님께로 돌아가는 것은 이제는 목숨을 내놓고 해야 할 일이 되어 버렸다. 어처구니없고 기가 막히는 일이다. 그들이 한 행동들은 '어리석다'는 헬라어 말로 표현하기에 딱 어울린다. 어리석다는 헬라어 단어는 '감각이 없다'는 뜻을 담고 있다. 감각이 없다는 것이 무엇인가? 생각과 분별력이 없는 상태를 말하는 것이 아닌가. 지금이 무엇을 할 때인지를 모른다는 것이다. 웃어야 할 때와 울어야 할 때를 분간하지 못한다. 어떤 것이 가치 있는 것인지를 알지 못한다. 어떤 것을 취하고 어떤 것을 포기해야 하는지 판단할 능력이 없다. 옳고 그름을 분간하지 못하고 분별력을 잃은 채 살아간다. 하나님이 어떤 분이신지, 그리고 내가 누구인지에 대한 정체성을 깨닫지 못하는 이 '감각 없음'은 사람으로 하여금 우상 숭배를 택하게 한다. 앞에서 살펴본 로마서 1장에서도 "……어리석게 되어 썩어지지 아니하는 하나님의 영광을 썩어질……우상으로 바꾸었느니라"고 말씀하신다. 그래서 땔감으로 썼던 나무를 가지고 신상을 만들어 놓고, 그것에게 절하며 인생을 맡기는 어처구니없는 일을 행하게 되는 것이다.

예배는 오직 하나님만을 섬길 때 예배가 된다.

우상 숭배하면서 하나님을 어떻게 예배할 수 있겠는가. 하나님을 거역하고 하나님의 다스리심을 거부하면서 하나님을 예배한다는 것은 생각할 수 없다.

이스라엘은 하나님을 예배한다고 하면서도 끊임없이 우상을 향한 갈증을 드러냈고, 온 힘을 다해 물이 새는 터진 웅덩이들을 팠다. 그리고 결국 '멸망'이라는 어리석은 결말을 맞았다.

이런 이스라엘의 역사에서 참으로 안타까운 일 중 하나는, 하나님을 섬기는 일을 위해 부름 받은 제사장들과 레위인들, 그리고 하나님에 의해 세워진 왕들도 백성과 함께 우상 숭배하는 일에 동참함으로써, 제 역할을 하지 못했다는 것이다.

오래전 모세와 여호수아는 백성을 향해 우상 숭배의 위험을 언급하며 오직 하나님 한 분만을 섬기도록 도전했었다.

> "만일 너희가 너희의 하나님 여호와께서 너희에게 명령하신 언약을 범하고 가서 다른 신들을 섬겨 그들에게 절하면 여호와의 진노가 너희에게 미치리니 너희에게 주신 아름다운 땅에서 너희가 속히 멸망하리라……그러므로 이제는 여호와를 경외하며 온전함과 진실함으로 그를 섬기라……여호와만 섬기라"(수 23:16; 24:14).

'온전함과 진실함'으로 하나님을 섬기라고 한다. '온전함'이라는 단어의 히브리어는 '나누이지 않고 신실하다(complete, whole, integrity)'는 의미를 갖고 있다. '진실함'이라는 히브리어는 '흔들림이 없고 견고하다(reliable, stable)'는 뜻을 지닌다. 그러므로 여호수아가 백성에게 엄중히 선언하고 있는 말은, 혹시라도 다른 것들을 섬기겠다고 기웃거리지 말고, 하나님을 향한 변치 않는 믿음으로 온전히 신실하게 하나님 한 분만을 섬기라고 도전하는 것이다.

영적 리더들은 과연

그러나 안타깝게도 모세와 여호수아 이후로, 백성을 향해 이렇게 거침없이 도전하는 리더를 찾아보기 어렵다. 그런 신실한 리더보다는 오히려 북 이스라엘의 아하스 같은 왕을 쉽게 만난다. 그에 대한 기록은 이렇다.

> "……아하스 왕은 주님께 더욱 범죄하여, 자기를 친 다마스쿠스 사람들이 섬기는 신들에게 제사를 지내면서 '시리아 왕들이 섬긴 신들이 그 왕들을 도왔으니, 나도 그 신들에게 제사를 드리면, 그 신들이 나를 돕겠지' 하고 생각하였다. 그러나 이러한 일이 오히려 아하스와 온 이스라엘을 망하게 하였다. 그뿐만 아니라, 아하스는 하나님의 성전 안에 있는 기구를 거두어다가 부수고, 또 주님의 성전으로 드나드는 문들을 닫아 걸고, 예루살렘 이곳 저곳에 제단을 쌓고, 유다의 각 성읍에 산당을 세우고, 다른 신들에게 분향하여, 조상 때부터 섬겨 온 주 하나님을 진노케 하였다"(대하 28:22-25, 표준새번역).

이스라엘이 약속의 땅을 향해 가는 중에 싯딤에 머물렀다. 그곳에서 모압 여자들이 그들의 신들에게 제사할 때에, 이스라엘 백성 또한 그들과 함께 먹고 바알브올에게 절하고 그 여자들과 음행하기 시작했다. 이에 하나님께서 모세에게 이르신 명령에 따라 제사장 아론의 손자 엘르아살의 아들 비느하스가 손에 창을 들고, 이같이 음행하는 이스라엘의 남자와 모압 여인을 죽였다. 이때, 하나님이 말씀하신다.

"제사장 아론의 손자 엘르아살의 아들 비느하스가 내 질투심으로 질투하여 이스라엘 자손 중에서 내 노를 돌이켜서 내 질투심으로 그들을 소멸하지 않게 하였도다"(민 25:11).

우상 숭배에 대해서는 어떠한 이해나 양보가 있을 수 없다. 어떠한 타협도 있을 수 없다. 그러나 비느하스 이후, 백성의 범죄와 우상 숭배에 대하여 거룩한 분노로 일어나는 제사장은 찾아볼 수 없다. 그런 제사장들이 있었으나 그들이 행한 일들이 단지 기록되지 않은 것으로 믿고 싶다. 그래도 왕들 중에 우상 숭배를 척결하려 노력한 사람들이 손에 꼽을 정도는 있었다는 것이 그나마 다행이다. 그러나 제사장들 중에서는 없었다.

제사장, 그들은 과연 누구인가? 하나님에 의해 구별되어 기름 부음 받은 그들의 임무가 무엇인가? 그들은 이스라엘 백성으로 하여금 하나님만 예배하도록 하기 위해 세워진 사람들이다. 백성이 하나님의 거룩한 예배자들로 살도록 하는 데 그들의 임무가 있다. 예배를 위해서 섬길 뿐만 아니라 백성에게 하나님의 말씀과 규례를 가르쳐야 한다. 그 의무를 다하지 않으면 이스라엘의 제사는 공허한 의식으로 변질할 것이다. 또한, 백성이 분별없이 우상들을 섬기는 일에 빠지도록 방치해 두게 될 것이다. 그들이 가르치는 것 중 가장 중요한 사항은 오직 하나님만을 섬기라는 것이다. 그러나 제사장들이 이런 일들을 소홀히 해 오고 있었다. 역대하 15장 3절을 보면, 하나님께서 오뎃의 아들 아사랴를 통해 이렇게 말씀하신다.

"이스라엘에는 참 신이 없고 가르치는 제사장도 없고 율법도 없은 지가 이제 오래 되었으나"(대하 15:3).

그 오래됨은 그 후에도 계속된다. 말라기의 말씀을 들어보면 그렇다.

"제사장의 입술은 지식을 지켜야 하겠고, 사람들이 그의 입에서 율법을 구하게 되어야 할 것이다. 제사장이야말로 만군의 주 나의 특사이기 때문이다. 그러나 너희는 바른 길에서 떠났고, 많은 사람들에게 율법을 버리고 곁길로 가도록 가르쳤다……"(말 2:7-8, 표준새번역).

여호사밧 왕 때에, 왕이 방백과 레위 사람과 제사장들로 하여금 여러 성읍을 순회하며 하나님의 율법 책을 가지고 가르치도록 명령한 기록은 있으나, 그 이후로도 제사장들이 백성을 가르치는 그들의 임무를 성실히 수행했는지는 알 수 없다. 그런 기록은 없으니 말이다. 오히려, 백성이 범죄할 때, 제사장들과 레위 사람들도 동참했다는 기록을 발견한다. 왕이나 백성이 우상을 섬기기 원하면 제사장들은 그 뜻을 좇아 우상 숭배하는 일을 섬겼고, 왕이 우상 숭배를 척결하도록 하면 제사장들은 또 왕의 명령에 따라 우상 숭배를 중단하고 하나님을 섬기는 일을 했다. 예배에 있어서 제사장들은 하나님만을 섬기는 거룩한 제사장으로서의 역할을 감당하지 못하고 있었다. 아하스 왕은 우상 숭배를 위해 성전문을 달아 버렸다. 이후 성전문이 다시 열리고 수리된 것은 제사장들이 아니라 아하스의 아들 히스기야 왕의 명령 때문이었다.

우상 숭배에 빠진 국가의 영적 위기에 있을 때, 왜 제사장들과 레위인들은 하나님만을 섬기는 일을 사수하지 못했을까? 왜 이스라엘 민족의 하나님을 섬기는 일은, 제사장들과 레위인들의 헌신과 충성에 의해 움직이지 않고, 왕에 의해 좌우되었을까? 도대체 왜 이스라엘 민족이 영적으로 가장 궁핍하던 시기에 제사장들과 레위인들의 신앙과 그들의 부르심은 아무런 힘을 내지 못했을까? 왜 히스기야 왕 때처럼 왕이 하나님을 섬기자고 할 때는 그들이 일어나 섬기면서, 므낫세 왕 때처럼 왕이 하나님을 떠나 우상 숭배를 명하면 제사장들과 레위인들의 거룩한 저항의 목소리는 내지 않고 그대로 따랐을까? 그렇다면 그들이 이스라엘에 존재하는 이유는 무엇인가. 하나님의 것이라고 안수를 받았던 그들이, 자신들의 생존은 왕의 손에 있고 백성의 손에 있다고 생각했는가. 이스라엘 민족에게서 하나님 섬김이 무너지면, 그 민족도 같이 무너진다는 것을 몰랐는가. 그들은 모두 생명을 부지하기 위한 직업 종교인에 불과했던가. 이스라엘의 역사를 보면서 갖게 된 이런 질문들을 이 시대에도 갖게 된다.

이 시대의 영적 리더들은, 과연 하나님의 사람들이 이 시대의 모든 우상을 파하며 오직 하나님만을 섬기는 진정한 예배자로 살아가도록 도전하고 있는가? 이스라엘의 범죄와 우상 숭배 때문에 기가 막혀서 가슴 치는 기도로 하나님의 의로우심과 자비하심 앞에 나아간 에스라와 느헤미야의 기도가 혹시 이 시대의 영적 지도자들의 가슴속에서 터져 나와야 할 기도가 아닐지 모르겠다.

"……내가 저녁 제사 드릴 때까지 기가 막혀 앉았더니 저녁 제사를 드릴 때에 내가 근심 중에 일어나서 속옷과 겉옷을 찢은 채 무릎을 꿇고 나의 하나님 여호와를 향하여 손을 들고 말하기를 나의 하나님이여 내가 부끄럽고 낯이 뜨거워서 감히 나의 하나님을 향하여 얼굴을 들지 못하오니 이는 우리 죄악이 많아 정수리에 넘치고 우리 허물이 커서 하늘에 미침이니이다……우리 하나님이여 이렇게 하신 후에도 우리가 주의 계명을 저버렸사오니 이제 무슨 말씀을 하오리이까……우리의 악한 행실과 큰 죄로 말미암아 이 모든 일을 당하였사오나 우리 하나님이 우리 죄악보다 형벌을 가볍게 하시고 이만큼 백성을 남겨 주셨사오니……이스라엘의 하나님 여호와여 주는 의로우시니 우리가 남아 피한 것이 오늘날과 같사옵거늘 도리어 주께 범죄하였사오니 이로 말미암아 주 앞에 한 사람도 감히 서지 못하겠나이다……"(스 9장).

하나님께서 이 시대의 하나님의 백성을 보시면서, 영적인 리더로 세우신 사람들을, 마치 에스라와 느헤미야가 품었던 것 같은 마음으로 일어나도록 부르고 계시지는 않은지 생각해 본다.

하나님의 사람은 우상을 숭배하면서 동시에 하나님을 예배할 수 없다. 우리가 보기에 전혀 손색없는 예배자의 모습으로 예배 현장에 와 있더라도, 우리에게 있는 우상을 모두 던져 버리기까지는 그 누구도 하나님의 진정한 예배자가 될 수 없다.

예배는 오직 하나님만을 섬길 때 예배가 된다.

오직 하나님만을 섬기는 자가 예배자다.

참으로
예배하고
싶다

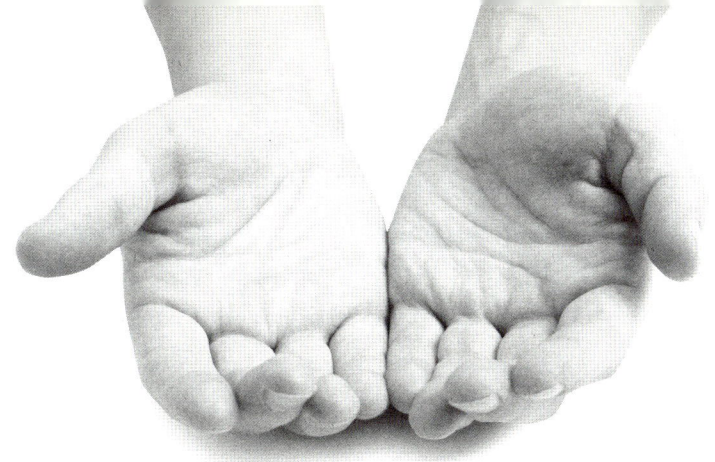

믿음

Faith

온전한 믿음으로 예배하다

가인과 그 제물은 쳐다보지도 않으신다

4
온전한 믿음으로 예배하다
***

입술의 고백, 삶의 고백

  우리가 하나님을 예배할 때 아름다운 고백들로 찬양하며 하나님의 이름을 높인다. 하나님이 거룩하시고 전능하시고, 자비로우시고, 신실하시고, 의로우시고, 은혜가 한량없으시다고 찬양한다. 하나님은 우리의 반석이시고, 힘이시고, 창조자이시고, 치료자이시고, 위로자이시고, 구원자이시고, 선한 목자이시고, 나의 도움이시라고 노래한다. 그리고 우리는 예배의 자리를 떠난다. 그러나 예배는 예배의 모임에서 하는 입술의 고백으로 끝나지 않아야 한다. 하나님과 우리의 관계를 나타내는 고백, 우리가 존재하고 예배하는 이유가 되는 고백, 즉 "주는 나의 하나님이시라"는 고백이 예배자의 삶 구석구석에서 믿음의 모습으로 묻어나올 때, 그제야 그것이 진정한 예배가 된다. 예배의 현장에서는 하나님을 높이는 고백으로 찬양하지만 실제 삶의 현장에서는 하나님을 신뢰하며 사는 모습이 없다면, 그 찬양의 고백과 예배의 행위들은 모두 헛되고 거짓된 것이요 의미 없는 일로 남게 될 것이다. 믿음이 없이는 기쁘시게 못한다고 선언하는 히브리서의 말씀을 통해 보면, 진정한 예배는 하나님만을 진정으로 신뢰하는 그런 '믿음'을 동반한다. 그러지 않고서 하나님을 예배한다는 것은 생각할 수 없다. 찬양의 노래를 즐겁게 따라 부를 수는 있겠지만, 하나님만을 신뢰하는 믿음이 없으면서 그 하나님을 예배할 수는 없지 않겠는가?

그렇다면 하나님을 신뢰한다는 것은 어떤 것인가?

그것은 하나님에 대해 아는 것 이상이고, 진리에 대해 동의하는 것 이상의 일이다. 하나님에 대한 신뢰가 우리 마음속에 깊이 뿌리내리고 있으면 삶의 행동들 속에서 자연스레 그것이 드러난다. 그런 믿음의 행동들은 하나님의 성품에 의존해서 일어나지, 우리 눈에 보이는 것에 의존하지 않는다. 하나님을 예배하는 자에게는 그런 믿음이 요구된다.

아브라함(당시는 아브람)과 그의 조카 롯은 각자의 소유가 너무 많아져서 함께 살 수 없게 되었다. 그래서 이제는 각자가 살게 될 땅을 결정하고 그곳으로 떠나기로 했다. 이 중대한 결정에 있어서 아브라함은 롯에게 먼저 선택할 수 있는 우선권을 준다. 좋은 땅을 선택하고자 롯이 처음 한 일은 "눈을 들어 요단 지역을 바라"보는 것이었다(창 13:10). 눈으로 보기에 물이 충분하고 마치 '여호와의 동산' 같아 보여서 그 땅을 선택한다. 아브라함은 땅을 살펴보지도 않는다. 그럴 필요도 느끼지 못했다. 좋은 땅을 차지해야 한다는 조바심도 없기 때문이다. 그냥 롯의 결정에 따라서 어느 곳이든 남는 곳을 택하겠다고 한다.

"……네가 좌하면 나는 우하고 네가 우하면 나는 좌하리라"(창 13:9).

중요한 무엇인가를 선택하거나 결정해야 하는 상황에서 이런 기준을 가지고 결정하는 사람은 과연 어떤 마음을 가지고 사는 사람일까? 도대체 무슨 배짱으로 그렇게 하는 것일까? 아브라함이 말한 이 한마디는 참으로 단순한 말이기는 하지만, 그렇다고 누구나 할 수 있는 그런 말은 아니다. 하나님에 대한 전적인 신뢰 없이는 결코 선포할 수 없는 말이다. 흥하고 부하게 되는 것이 지금 눈에 보이는 땅이 어떠한가에 있지 않고, 그와 함께 거하시는 하나님께 있다는 믿음이 있기에 할 수 있는 말이다. 내가 어느 곳을 취하게 되든 상관없다는 믿음의 선언이 아니겠는가. 하나님에 대한 신뢰로 배포가 두둑한 자의 태도이다. 아브라함이 한 말은 하나님의 전능하심, 신실하심, 그리고 그의 다스리심에 대한 신뢰가 절절히 묻어나오는 선언이다. 그를 만나 주셨고 그에게 약속하셨던 하나님을 신뢰하는 믿음으로 행한 담대한 선택이다. 어쩌면 아브라함은 자신이 취해야 할 땅이 황폐한 땅이라 할지라도, 그 땅에서 또다시 하나님이 행하실 일들에 대한 기대로 가슴이 뛰고 있었는지도 모른다.

아브라함의 생각이 옳았다. 롯이 아브라함을 떠난 후에 하나님이 아브라함에게 이렇게 말씀하신다.

"……너는 눈을 들어 너 있는 곳에서 북쪽과 남쪽 그리고 동쪽과 서쪽을 바라보라 보이는 땅을 내가 너와 네 자손에게 주리니 영원히 이르리라……너는 일어나 그 땅을 종과 횡으로 두루 다녀 보라 내가 그것을 네게 주리라"(창 13:14-15, 17).

아마도 아브라함은 어린아이처럼 동서남북으로 뛰어다니지 않았을까? 아브라함에게 있어, 눈에 보이고 귀에 들리는 것들은 마치 화가가 그림을 그릴 때 쓰는 물감들처럼 여겨졌을 것이다. 그것들은 앞으로 과연 어떤 그림이 나올 것인가를 결정하는 조건이 되지는 않는다. 그 물감들을 사용해 하나님이 그리실 것이기 때문에 그 그림은 언제나 걸작이 될 수밖에 없다. 아브라함의 인생이 그렇다. 그것은 우리에게도 마찬가지다. 우리에게 어떤 물감들이 놓여 있는지가 중요하지 않다. 하나님이 그려 가시기 때문에 그렇다.

창세기 22장은 참으로 대조적인 두 이야기를 기록하고 있다. 아브라함이 모리아 산에서 이삭을 바치는 시험에 대한 이야기가 나오고(1-19절), 바로 이어서 22장의 마지막 다섯 절(20-24절)에는 다음과 같은 내용이 나온다.

"이 일 후에 어떤 사람이 아브라함에게 알리어 이르기를 밀가가 당신의 형제 나홀에게 자녀를 낳았다 하였더라 그의 맏아들은 우스요 우스의 형제는 부스와 아람의 아버지 그므엘과 게셋과 하소와 빌다스와 이들랍과 브두엘이라 이 여덟 사람은 아브라함의 형제 나홀의 아내 밀가의 소생이며 브두엘은 리브가를 낳았고 나홀의 첩 르우마라 하는 자도 데바와 가함과 다하스와 마아가를 낳았더라"(창 22:20-24).

이삭을 바치라는 시험을 마친 후에 아브라함이 누군가에게서 들었는데, 그의 동생 나홀이 그동안 자녀를 많이 낳았다고 한다. 나홀은 이미 손녀까지 두고 있는데, 그 손녀까지 합하면 낳은 자녀의 수가 무려 열셋이나 된다는 이야기이다. 함께 기뻐할 일이지만, 아브라함에게는 꼭 그렇지 않을 수도 있다.

하나님은 오래전에 아브라함을 불러서 모래알들을 한번 세어 보라고 하셨다. 하늘의 별들을 세어 보라고도 하셨다. 그것들을 셀 수 없는 것처럼 아브라함으로 하여금 큰 민족을 이루게 하겠다고 말씀하셨다. 하나님이 아브라함에게 약속하셨다. 그 약속을 받은 사람은 나홀이 아니라 아브라함이다. 아브라함은 이 약속의 말씀을 그대로 믿고 살아왔다. 그런데 아브라함은 100세가 되어서야 겨우 그 약속의 아들 하나를 낳았다. 그것도 번제로 바치라고 하여 그 아들이 죽을 뻔한 상황까지 갔었다. 그런데, 하나님의 약속과는 관계없는 그의 동생은 자신과는 비교할 수 없이 이미 큰 가족을 이루며 번성하고 있었다. 벌써 손녀까지 낳았다. 나홀과 자신을 비교해 보면 하나님의 약속이라는 것은 자기보다는 오히려 그의 동생 나홀에게 어울리는 것처럼 보일 수 있다. '하나님이 내게 하신 약속은 뭔가?' '하나님이 잊으셨나?' 할 만큼 그동안 믿어 온 하나님의 약속과는 전혀 다르게 상황이 전개되어 가는 것 같다.

현실이 그렇다. 눈에 보이는 결과가 그렇다.

그러나 아브라함은 반응하지 않는다. 혼란스러울 만한 그 상황에 반응하지 않는다. 당장 그의 눈에 보이고 귀에 들리는 것에 좌우되어 우왕좌왕하지 않는다. 대신 아브라함은 침묵한다. 신실하신 하나님을 향한 믿음의 침묵이다. 아브라함은 하나님을 그렇게 신뢰하며 살고 또 그렇게 신뢰하며 죽었으리라. 믿음장이라고 하는 히브리서 11장에서 아브라함의 믿음을 이야기하고 나서 이렇게 기록한 것을 보면 말이다.

"이 사람들은 모두 믿음을 따라 살다가 죽었습니다. 그들은 약속하신 것을 받지는 못했지만, 그것을 멀리서 바라보고 반겼으며……"(히 11:13, 표준새번역).

잠잠히 신뢰하기

아브라함에게는 약속이 있었다. 그러나 그 약속을 이루는 것을 그의 인생에서 보지는 못했다. 오직 그 약속의 씨만 보았다. 그러고도 그는 그 약속이 분명히 이루어질 먼 곳을 바라보며 신실하신 하나님으로 인해 즐거워하였다고 한다. 히브리서는 그것이 믿음으로 사는 것이라고 한다. 우리는 어떠한가? 우리는 보이고 들리는 것에 얼마나 쉽게 믿음을 내어주고, 작은 바람에도 쉽게 흔들리다가 휙 꺼져 버리는 촛불처럼, 얼마나 민감하게 절망하며 또 좌절로 반응하며 부르짖는가. 이스라엘 백성이 늘 그랬다.

이스라엘 백성은 하나님의 권능을 온몸으로 체험하고 애굽을 떠났다. 그러나 얼마 지나지 않아 애굽 군사들이 그들을 쫓아온다. 뒤에서는 그들을 향해 달려오는 애굽 군사들의 말과 병거 소리가 크게 들리고, 그들 앞에는 도저히 넘어설 수 없는 장벽, 바다가 있다. 출애굽기는 당시 이스라엘 백성의 반응을 이렇게 묘사한다.

"……이스라엘 자손이 눈을 들어 본즉 애굽 사람들이 자기들 뒤에 이른지라 이스라엘 자손이 심히 두려워하여 여호와께 부르짖고"

(출 14:10).

우리야 이미 출애굽기의 내용을 다 알고 있기에 이스라엘 자손들의 반응을 읽으면서 '도대체 이들은 언제까지 이럴 건가?' 하며 그들의 믿음을 쉽게 판단해 버리지만, 당시 그들 중 어느 누가 바닷물이 갈라지는 방법도 있음을 알았겠는가? 그것을 알았다면 몰라도, 그들이 두려움에 휩싸이는 것은 당연한 일일지 모른다. 그러나 그들은 사람의 생각을 넘어서는 하나님의 권능을 이미 여러 번 경험한 사람들이다. 더구나 그들에게는 하나님의 약속이 있지 않은가? 그런데도 그들은 그 놀라운 하나님의 능력을 너무 일찍 잊어버린 듯하다. 그들의 삶은 그런 경험들에 의해서도 아무런 영향을 받지 않는 듯하다. 그들이 바라보고 있는 것은, 지금 그 순간에도 그들을 인도하고 계시는 하나님의 놀라운 능력과 측량할 수 없는 신실하심이 아니었다. 그들의 시선을 애굽 군대와 바다에 빼앗겨 버렸다. 그들 앞에 뚜렷이 보이는 구름기둥도 보지 못한다. 그 결과는? 믿음을 놓쳐버린 두려움의 부르짖음 뿐이다. 그들을 향해 모세가 말한다.

> "……너희는 두려워하지 말고 가만히 서서 여호와께서 오늘 너희를 위하여 행하시는 구원을 보라 너희가 오늘 본 애굽 사람을 영원히 다시 보지 아니하리라 여호와께서 너희를 위하여 싸우시리니 너희는 가만히 있을지니라"(출 14:13-14).

생사의 갈림길에서 공포에 떨고 있는 백성에게 모세가 말한다. "가만히 있을지니라." 가만히 있으라는 말의 히브리어는 '말하지 말라', '듣지 말라', '무덤덤해지라'는 뜻을 담고 있다. 그러니까 가만히 있으라는 모세의 말은, 하나님이 아닌 그 어떤 것들에 대해 반응하지 말고 무덤덤해지라는 말이다. 두려워하는 말을 하지 말고 원망의 소리도 내지 말고 그저 잠잠하라는 것이다. 보이는 것이든, 들리는 것이든, 느끼는 것이든, 생각나는 것이든, 그것들에 의존해서 움직이지 않도록 지금 닥친 상황 앞에서 그냥 무덤덤하라는 말이다. 진정으로 하나님을 신뢰함이 없이는 결코 할 수 없는 말이다.

믿음이 요동칠 만큼 격동하는 상황 속에서도 "주는 나의 하나님이심이라"는 고백이 여지없이 드러나는 잠잠함, 그렇게 잠잠하며 기다릴 수 있다는 것, 그것은 하나님에 대한 믿음의 표현이다. 그런 믿음이 있을 때, 희망이 보이지 않고 아직 아무 일도 일어나지 않은 상황에서도 하나님을 찬양하며 예배할 수 있다.

유다 왕 여호사밧의 찬송이 바로 그런 것이다. 여호사밧 왕 때에 유다가 국가적으로 심각한 위기를 맞은 때가 있었다. 연합군을 형성해 쳐들어오는 적들이 바로 코앞까지 진군해 오고 있다. 여호사밧은 자신들만의 힘으로는 진군해 오는 적들을 도저히 감당해 낼 수 없어서 하나님께 이렇게 기도한다.

"우리 하나님이여……이 큰 무리를 우리가 대적할 능력이 없고 어떻게 할 줄도 알지 못하옵고 오직 주만 바라보나이다……"(대하 20:12).

출애굽한 이스라엘 백성은 쫓아오는 애굽 군대와 그들을 막아선 바다를 바라보았지만, 여호사밧과 그의 백성은 이 위기의 상황에 오직 하나님께만 눈을 고정시키겠노라 고백한다. 그리고 어린이들까지 모두 "여호와 앞에 섰더라" 하고 기록하고 있다(대하 20:13). 그때 하나님께서 레위 사람 야하시엘을 통해 말씀하신다.

> "⋯⋯너희는 이 큰 무리로 말미암아 두려워하거나 놀라지 말라 이 전쟁은 너희에게 속한 것이 아니요 하나님께 속한 것이니라"(대하 20:15).

하나님이 함께하시겠다는 말씀을 들은 여호사밧은 바로 그 자리에서 하나님을 경배한다. 그리고 레위 사람들도 하나님을 찬송한다. 그때까지도 그들에게는 아무 일도 일어나지 않았다. 다음 날 아침 여전히 변함이 없는 위기 상황 중이지만, 그들은 모든 일이 승리로 끝난 다음에나 할 법한 일을 시작한다. 성가대가 군대를 앞서 행진하며 노래하기 시작한 것이다.

> "⋯⋯여호와께 감사하세 그의 인자하심이 영원하도다⋯⋯"(대하 20:21).

믿음은, 예배할 수 없는 상황이라고 여겨질 때에도, 우리로 하여금 예배하기로 결단하게 한다. 하나님을 진정으로 예배하는 자는 어느 곳 어

온전한 믿음으로 예배하다

느 상황에 처해 있든지, 바로 그곳에서 주는 나의 하나님이심을 노래하며 그 하나님을 누리며 살아가는 자이다. 삶에 필요한 공급 자체가 끊어져 버리는 상황에 처할지라도 그 공급의 주관자 되시는 하나님을 신뢰함으로 여전히 담담할 수 있는 자, 그가 진정한 예배자가 아니겠는가? 그런 예배자가 단지 입술만의 고백이 아니라 정직한 마음으로 이렇게 노래할 수 있으리라.

"비록 무화과나무가 무성하지 못하며 포도나무에 열매가 없으며 감람나무에 소출이 없으며 밭에 먹을 것이 없으며 우리에 양이 없으며 외양간에 소가 없을지라도 나는 여호와로 말미암아 즐거워하며 나의 구원의 하나님으로 말미암아 기뻐하리로다 주 여호와는 나의 힘이시라 나의 발을 사슴과 같게 하사 나를 나의 높은 곳으로 다니게 하시리로다……"(합 3:17-19).

믿음이 없이는 하나님을 기쁘시게 하지 못한다. 믿음은 우리의 고백 속에 갇혀서 노래로만 불리는 주제가 아니다. 우리 삶 곳곳에서 그 고백이 절절히 묻어나올 때 그것이 온전한 믿음이 된다. 온전한 믿음으로 예배하는 자가 하나님이 기뻐하시는 진정한 예배자인 것이다. 그 예배자가 하나님의 마음에 있는 예배자다.

5
가인과 그 제물은 쳐다보지도 않으신다
***

예배자, 예배, 그리고 믿음

믿음이 없이는 예배할 수 없다. 물론 믿음이 없어도 다른 예배자들과 함께 예배의 자리에 나올 수는 있겠지만 진정으로 예배할 수는 없다. 하나님을 예배하는 것과 하나님을 믿고 살아가는 것은 서로 다른 두 개의 일이 아니다. 동전의 양면과 같다. 이쪽 면에서 보면 예배당에서 찬양하며 예배하는 장면이 보인다. 다른 쪽에서 보면 매일의 삶에서 하나님을 믿고 의지하며 살아가는 장면이 보인다. 이 두 면이 합쳐져서 '예배'라고 하는 하나의 동전을 만든다. 예배하지만 믿지는 않는다고 말한다면 예배한 것이 아니라 단지 예배 의식을 행하고 있다는 말이 된다. 예배는 의식을 포함한다. 그러나 의식만을 행한다고 예배가 되는 것은 아니다. 하나님은 믿음으로 사는 자의 예배를 기쁘게 받으신다. 하나님은 믿음으로 하는 예배를 즐거워하신다.

창세기는 가인과 아벨의 예배를 기록하고 있다. 그 기록을 보면 하나님께서 그들의 예배를 어떻게 생각하시는지를 알 수 있다.

"……아벨과 그의 제물은 받으셨으나 가인과 그의 제물은 받지 아니하신지라……"(창 4:4-5).

하나님은 아벨과 그의 제물은 받으셨다. 그러나 가인과 그의 제물은 쳐다보지도 않으셨다. '받지 아니하셨다'는 말의 히브리어 의미는 '쳐다보지도 않았다'는 뜻이다. 하나님은 가인과 그의 제물에는 아예 관심조차도 없으셨다는 말이다. 하나님은 왜 아벨과 그의 제물만 기뻐하시고, 가인과 그의 제물은 받지 않으신 것인가? 히브리서는 그 이유를 이렇게 설명한다.

"믿음으로 아벨은 가인보다 더 나은 제사를 하나님께 드림으로 의로운 자라 하시는 증거를 얻었으니 하나님이 그 예물에 대하여 증언하심이라 그가 죽었으나 그 믿음으로써 지금도 말하느니라"(히 11:4).

가인의 예배와 아벨의 예배가 하나님 앞에서 전혀 다른 결말을 맞게 되는 이유는 믿음에 있었다. 아벨의 예배는 믿음으로 드린 예배였고 가인의 예배는 그렇지 못한 예배였다. 하나님이 아벨의 예배를 받으신 이유는, 그의 예배가 하나님을 신뢰함으로 드린 것이었다는 데 있다. 가인에게서는 아벨에게 있는 그런 믿음을 볼 수 없었다는 말이다. 또한 아벨의 예배가 받아들여졌다는 사실은, 그가 의로운 자임을 나타내는 증거가 되었다고 말하고 있다. 가인은 의로운 자라고 불릴 수 없는 사람이었다는 말이다. 이 말씀을 통해서 볼 때, 예배자, 예배, 그리고 믿음, 이 세 가지는 예배에 중요한 요소로서 서로 밀접하게 연결됨을 알 수 있다.

그렇다면 아벨이 한 것처럼 믿음으로 예배한다는 것은 무엇인가?

그것은 우선, 예배에 임하는 예배자의 마음가짐이나 자세에 대해 말한다.

오래전 한 선교사로부터 어떤 나라의 한 지하 교회에서의 예배 경험을 들은 적이 있다. 선교사는 이 교회로부터 설교를 부탁받았다. 처음 가는 곳이기 때문에 일찍 서둘러서 출발했다. 예배 시작 한 시간 전에 도착했지만 예배 장소 안은 이미 앉을 자리가 없이 성도로 가득 차 있었다. 그들은 예배가 시작되기 한참 전부터 모여 성경을 읽고 찬송하고 기도하고 있었다. 성도의 눈빛을 보니 감격해 있는 그들의 마음이 느껴졌다. 예배가 시작되었다. 성가대원들은 찬송을 부르는 시간보다 손수건으로 눈물 콧물을 닦는 시간이 더 많았다. 성가대원뿐만 아니라 모두 다 찬송을 제대로 부르지 못하고 있었다. 선교사는 설교하는 내내 말씀을 사모하는 그들의 간절한 눈망울에 감동되어 설교를 멈추기를 여러 번

했다. 설교를 마치자 성도는 말씀을 좀 더 전해 달라고 간청했다. 선교사는 다른 말씀을 더 전했다. 그곳에 모인 사람 중 예배 시간 내내 감동의 눈물을 흘리지 않으면서 예배하는 사람은 단 한 명도 없었다. 선교사에게 이런 예배의 경험은 처음이었다.

그날의 예배가 끝나면 이들은 언제 어느 곳에서 다시 예배하기 위해 모일 수 있을지 기약할 수 없었다. 그날 모인 사람 중 이 땅에서 다시 볼 수 있을 사람이 얼마나 될지 아무도 모른다. 그들 중 어떤 이들에게는 그날의 예배가 이 땅에서의 마지막 예배가 될 수도 있었다. 그래서 그 예배가 그들에게 그렇게 소중했던 것이다. 찬송 한 절 한 절이 끝나는 것이 참으로 아쉬웠고, 설교 말씀 한 마디 한 마디가 그들의 가슴에 맺히며 지나가는 시간이 그렇게도 소중했던 것이다. 그들의 예배는 생명을 건 예배였다. 그야말로 몸과 마음과 힘을 다하여 하나님을 예배하고 있었다.

이 땅의 많은 사람은 자유롭게 예배한다. 그리고 예배할 기회가 넘쳐난다. 그런데 그것이 우리에게 깊은 감사의 조건이 되고 있는가? 오늘 이 예배를 마치면 벌써 예배의 자리를 떠나야 한다는 아쉬움과 함께, 다음 주 다시 돌아올 예배의 시간을 갈망하며, 설레는 기다림으로 가슴이 뛰는가? 아니면 넘치는 예배의 기회가 우리로 하여금 예배의 소중함을 점차 잃어버리게 하고 있는가? 만왕의 왕을 예배한다는 그 고귀함을 잃어버리고, 많은 예배로 인한 익숙함이 우리 예배를 무관심과 습관적인 일로 만들고 있지는 않은가? 이것을 잊지 말아야 한다. 우리가 하나님을 예배한다고 할 때 우리는 존귀하신 하나님의 현존 앞에 모여 있다는 사실을.

예배자와 구경꾼

블레셋과의 전쟁에 들고 나갔다가 빼앗겨 버린 하나님의 궤가 다시 이스라엘로 돌아왔다. 그리고 기럇 여아림에 있는 아비나답의 집에 오랜 기간 머물러 있다가 오벧에돔의 집으로 옮겨진 지도 석 달이 지났다. 그 하나님의 궤가 이제 드디어 예루살렘으로 들어오고 있다. 하나님의 궤는 하나님의 임재를 의미한 것이었기에 온 백성이 큰 소리로 기뻐한다. 다윗 왕은 왕의 옷을 내던져 버리고 베 에봇을 입고서 기쁨을 이기지 못해 그 앞에서 온 힘을 다해 춤을 춘다. 창문으로 이 광경을 지켜보고 있던 다윗의 아내 미갈은 마음속으로 다윗을 업신여긴다. 드디어 일을 모두 마치고 돌아오는 다윗을 향해 미갈이 한마디 한다.

"……오늘 이스라엘의 임금님이, 건달패들이 맨살을 드러내고 춤을 추듯이, 신하들의 아내가 보는 앞에서 몸을 드러내며 춤을 추셨으니, 임금님의 체통이 어떻게 되었겠습니까?"(삼하 6:20, 표준새번역).

이에 다윗이 대답한다.

"······그렇소, 내가 주님 앞에서 그렇게 춤을 추었소······ 나는 주님을 찬양할 수밖에 없소. 나는 언제나 주님 앞에서 기뻐하며 뛸 것이오. 내가 스스로를 보아도 천한 사람처럼 보이지만, 주님을 찬양하는 일 때문이라면, 이보다 더 낮아지고 싶소······"(삼하 6:21-22, 표준새번역).

춤을 추며 찬양한 일이 다윗은 '주 앞에서' 한 일이었는데, 미갈의 눈에는 '신하들의 아내가 보는 앞에서' 한 일이었다. 다윗의 말도 맞고 미갈의 말도 맞다. 그런데 미갈은 바로 그 장소에 하나님의 임재가 있었다는 것을 깨닫지 못했다. 그것은 미갈로 하여금 예배할 수 없게 했다. 미갈은 예배하지 못했다.

그로부터 오랜 세월이 흐른 이 시대에도 우리의 예배 현장에는 이 같은 일들이 여전히 일어난다. 다윗의 마음을 가진 예배자들이 있고 미갈처럼 생각하는 예배자들이 있다. 이 둘의 차이는 현격하다. 한 사람은 예배하고 다른 한 사람은 예배하지 못한다. 한 사람은 온 마음과 힘을 다해 하나님 앞에서 예배하지만, 다른 한 사람은 사람들 속에 끼여서 그들이 예배하는 것을 판단하며 구경한다.

예배할 때 우리가 지금 하나님 앞에 있음을 깨닫는 일은 참으로 중요하다. 그 인식은 우리 마음을 오직 하나님께 집중하게 하고 우리의 예배 행위가 오직 하나님을 향하도록 이끈다. 그런 의미에서 어떤 책의 제목처럼 '예배는 콘서트가 아닙니다'라는 말은 참으로 옳다. 모인 무리가 함께 어우러져 기뻐하며 예배하고 있지만 어느 몸짓 하나, 어느 눈빛 하나, 어느 소리 하나, 어느 감정 하나도, 모인 무리를 위한 것이 아니라는 말이다. 예배가 사람에게 보이고자 하는 콘서트가 될 때는 그것은 이미 예배가 아니다. 하나님을 예배하는 우리가 꼭 기억해야 할 말이다. 그러나 '예배는 콘서트이기도 하다.' 하나님 한 분만을 위한, 하나님 한 분만을 향한 우리의 콘서트 말이다. 다윗은 하나님 앞에서 오직 하나님 한 분만을 위해 그의 온 힘과 마음을 다한 콘서트를 했다.

이 시대의 예배에서 우리는 사람 지향적인 예배로 탈바꿈해 가는 모습을 많이 경험한다. 예배를 위해 많은 시도와 진지한 갱신의 노력을 하고 있지만, 그중에는 예배자들에게 즐거움과 감동을 만들어 주고 소위 '은혜'를 끼치도록 하려는 지극히 인간적 동기에 머무르는 경우가 많다. 이런 일들은 예배자를 예배의 중심에 서게 만들어 가고, 하나님을 위한 섬김(service)인 예배가 사람을 위한 종교적 섬김(service)의 장으로 변해 가게 한다. 이런 시도들은 만들어진 감동을 느끼게 할지는 모른다. 그러나 하나님을 진정으로 예배함에서 오는 참된 기쁨과 감격을 예배자들에게서 차단해 버리는 어처구니없는 노력이 될 것이다. 예배가 궤도를 벗어나 뒤틀려지게 만드는 주요 요인이 될 것이다.

예배는 하나님과 우리와의 만남이다. 하나님의 임재가 실재하는 특별한 만남이다. 하나님 앞에 설 때 우리의 영은 그 하나님의 이름에 합당한 고백으로 기뻐 뛸 것이다. 하나님의 임재에 대한 응답이 기쁨으로,

경이로움으로, 감사로, 두려움으로, 떨림으로, 그리고 설렘으로 우리를 감쌀 것이다. 우리는 그곳에서 하나님을 깊이 만날 것이다. 하나님이 지금 우리 가운데 계시다는 것을 인식할 때 우리는 진정으로 하나님을 예배할 수 있다. 그렇지 않다면 우리의 찬송은 허공을 향한 울림이 되거나, '신하들의 아내가 보는 앞에서' 하는 공연이 되거나, 종교적 만족감을 얻는 것에 그치고 말 것이다. 그러므로 예배의 현장에 있을 때마다 하나님이 지금 이곳에 계심을 믿어야 한다. 그것을 언제나 느낄 수 있다면 좋겠지만 예배는 우리의 느낌에 의존하지 않는다는 것도 기억해야 한다.

하나님의 임재 앞에

하나님이 '지금 이곳에'(here and now) 계심을 믿음으로 인식하며 예배할 때, '지금'(now)은, 더 이상 어제에서 오늘로 이어지며 째깍째깍 흘러가는 일상의 시간으로만 머물지 않는다. 지존자와 함께하는 거룩한 시간인 것이다. 하나님께 속한 영원의 시간이 우리 삶 속에서 역사하는 특별한 시간이다. 지금 하나님의 임재가 있는 현재, 우리의 감사 속에 들어 있는 과거, 그리고 우리의 믿음의 고백 속에 있는 미래, 이 세 시간이 모두 함께하는 신의 시간이다. '이곳'(here)은 흩어졌던 사람들이 다시 모인 단순한 일상의 공간이 아니다. 하나님의 신이 운행하는 특별한 공간이다.

더 이상 이 땅의 우리만의 공간이 아니다. 천상의 예배의 현장과 이 땅의 예배의 현장이 함께 만나는 거룩한 공간, 전혀 새로운 차원의 신의 공간이다. '지금 이곳에서' 하나님의 임재 앞에 서 있는 우리는 찬란한 영광에 사로잡힌 예배자가 될 것이다. 그곳에서 우리는 하나님을 향한 우리 마음을 쏟아내고, 하나님께서는 우리를 향한 하나님의 마음을 우리가 감당치 못할 만큼 부어 주실 것이다.

그런 시간과 공간에 있으면서 우리가 어찌 마음이 떠난 입술만의 고백으로 만왕의 왕의 임재 앞에 서 있겠는가. 그곳에서 우리가 어찌 '신하들의 아내가 보는 앞에' 서 있다 말할 수 있으며, 창문으로 내다보던 미갈과 함께 서성거릴 수 있겠는가. 하나님의 영광에 휩싸여 있으면서 어찌 우리가 그저 습관적 몸짓과 입술만의 고백으로 아무 감각 없이 앉아 있을 수 있겠는가. 그곳에서 어찌 우리가 하나님 아닌 다른 것들을 바라보고 그것들에 우리의 마음을 내줄 수 있겠는가. 하나님의 임재 앞에 서 있다고 하는 그 고귀함과 바꿀 수 있는 것이 과연 무엇이 있겠는가. 그분 앞에서 우리가 과연 무엇을 가리고 무엇을 감추고 또 그분 앞에서 내가 자랑하며 내세울 것이 무엇이 있겠는가. 우리는 그저 겸손히 땅에 엎드려 무릎을 꿇을 뿐, 두 손을 높이 들고 찬양할 뿐, 우리에게 있는 모든 것을 다 내드리며 경배할 뿐이다.

우리가 하나님을 예배하겠다고 서 있을 때 우리는 그렇게 하나님 앞에 서 있는 것이다. 그리고 우리의 목소리는 천상의 예배자들의 찬송 소리와 어우러져, 보좌에 계신 하나님의 귀에 울리는 것이다.

"……주 하나님 곧 전능하신 이시여 하시는 일이 크고 놀라우시도다 만국의 왕이시여 주의 길이 의롭고 참되시도다 주여 누가 주의 이름을 두려워하지 아니하며 영화롭게 하지 아니하오리이까 오직 주만 거룩하시니이다 주의 의로우신 일이 나타났으매 만국이 와서 주께 경배하리이다……"(계 15:3-4).

"……죽임을 당하신 어린 양은 능력과 부와 지혜와 힘과 존귀와 영광과 찬송을 받으시기에 합당하도다……"(계 5:12).

온 마음과 힘을 다해 하나님의 이름을 높이며 찬양하는 것 말고 우리가 무엇을 말할 수 있으며 하나님의 거룩한 임재 안에 서 있을 수 있겠는가.

매번 예배에 임할 때, 다음 예배를 기약할 수 없는 사람들이 예배하던 것처럼, 마치 이것이 내 인생의 마지막 예배인 것처럼 마음과 정성을 다해 하나님을 예배할 수 있다면, 그 얼마나 귀하고 아름다운 예배가 되겠는가. 하나님은 우리의 모든 예배에서 그런 예배를 받으시기에 합당하신 분이시다.

우리가 믿음으로 예배한다는 것은 그런 마음으로 예배를 준비하고 또 그런 동일한 마음으로 예배하는 것을 말한다. 예배는 하나님께 하는 것이라는 것을 기억하고, 하나님께서 그 예배의 자리에 함께 계시며 우리의 예배를 받으신다는 확신을 가지고 준비하고 예배해야 한다. 그러기에 예물과 예배자의 마음은 아무렇게나 준비된 것을 가지고 나올 수 없다. 하나님의 이름에 합당한 것이어야 하고 하나님의 은혜와 사랑에 대한 우리의 응답으로 가장 잘 어울리는 것이어야 한다.

또한, 믿음으로 예배한다는 것은 우리가 예배의 자리를 떠나 있는 곳에서의 삶, 즉 일상의 삶에서 하나님을 신뢰하며 사는 것을 말한다.

하나님께서 '아벨과 그의 제물'은 받으셨고, '가인과 그의 제물'은 쳐다보지도 않으셨다는 말을 읽을 때, 우리는 '아벨'이라는 예배자, '가인'이라는 예배자는 쉽게 지나쳐 버리고, 우리의 시선을 '그의 제물'에 맞추어 놓고, 그들의 제물에 대해서 깊이 생각한다. 다시 말해, 하나님께서 누구의 예배는 기뻐하셨고 누구의 예배는 기뻐하지 않으셨는가 하는 이유를, 그들이 드린 '제물'에서만 찾으려고 한다.

그러나 하나님이 기뻐하시며 받으신 것은 '아벨과 그의 제물'이고, 하나님이 쳐다보지도 않으신 것은 '가인과 그의 제물'이라고 말씀하신다. 그들이 드린 제물만이 아니다. 하나님이 기뻐하시는 예배는 제물만을 가지고 결정되는 것이 아니다. 그 제물을 들고 서 있는 예배자에 의해 결정됨을 말씀하고 계신다.

우리는 예배자인 '나'를 제외한 그 외의 다른 것들, 즉 예배의 환경,

순서나 설교, 그리고 예배의 다른 내용이 우리의 예배를 결정짓는 요건들이 되도록 하는 경우가 많다. 그러나 하나님의 마음은 예배자에게 있다. 예배하는 사람, 그가 어떤 삶을 사는 사람인가를 보신다. 예배의 현장에 같이 서 있던 가인과 아벨, 두 사람은 겉으로 보기에는 모두 아무 손색 없는 예배자의 모습이었을 것이다. 그러나 그들의 삶은 전혀 달랐다는 것을, 예배가 끝난 후에 보여 준 가인의 행동에서 알 수 있다.

하나님은 예배의 현장에서는 감춰질 수 있는 두 예배자의 삶을 알고 계셨다. 가인은 예배의 현장에서는 예배자로서 그럴듯한 겉모습을 갖추고 있었을지 모르지만, 예배당 밖에서는 '선을 행치 아니하는 자'였다. 하나님이 그렇게 말씀하신다.

> "가인과 그의 제물은 받지 아니하신지라 가인이 몹시 분하여 안색이 변하니 여호와께서 가인에게 이르시되 네가 분하여 함은 어찌 됨이며 안색이 변함은 어찌 됨이냐 네가 선을 행하면 어찌 낯을 들지 못하겠느냐 선을 행하지 아니하면 죄가 문에 엎드려 있느니라 죄가 너를 원하나 너는 죄를 다스릴지니라"(창 4:5-7).

하나님 앞에서조차 얼굴을 붉히며 오만불손하게 분노하는 그의 행동에서 우리는 하나님에 대한 그의 생각이 어떠했는지, 하나님을 향해 품은 그의 마음이 어떠했는지를 읽을 수 있다. 가인은 하나님을 하나님으로 여기는 자가 아니었음을 스스로 드러낸다. 그는 하나님을 신뢰하는 자가 아니었다는 것을 여실히 드러낸다.

믿음과 삶이 일치된 예배

우리는 예배당을 소중하게 여긴다. 우리는 예배하는 시간을 신성한 시간으로 여긴다. 하나님이 그때, 그곳에 계신다고 믿기 때문이다. 그 믿음은 옳다. 그러나 그 믿음이 잘못 적용되면, 예배당 안과 예배당 밖에서의 삶이 분리되어도 괜찮다고 여기도록 만들어 놓는다. 하나님은 우리가 예배할 때 예배당 안에 계신다. 뿐만 아니라, 예배당 밖에도 계신다. 그리고 우리가 하나님이 거하시는 성전이라는 것을 기억할 때 우리의 예배당은 온 세상이다. 하나님은 주일 아침 예배의 현장에서 포착할 수 있는 괜찮아 보이는 우리들의 모습, 종교적인 의식을 행하는 진지한 모습, 손을 들고 눈을 감고 서 있는 모습, 눈물을 흘리며 감격해하는 모습, 그런 모습들로 감동하지 않으신다. 하나님을 진정으로 신뢰하며 살아가는 자가 진실한 믿음으로 하나님을 예배할 때 하나님은 그를 바라보신다. 하나님은 그 예배자와 함께 그의 예배를 진정한 예배로 기뻐 받으신다.

제물과 그 제물을 들고 선 예배자는 분리될 수 없다.

하나님은 '아벨과 그의 제물'을 받으신 것처럼, 나와 나의 찬양을 받으신다. '나'와 분리된 '나의 찬양'만으로 기뻐하지는 않으신다.

가인의 예배처럼 믿음의 삶과 분리된 예배는 하나님께서 받지 않으시는 헛된 것이 된다. 그러나 그것으로만 끝나지 않는다. 하나님은 그런 예배를 가증스러워하심을 이사야를 통해 경고하신다.

"여호와께서 말씀하시되 너희의 무수한 제물이 내게 무엇이 유익하뇨 나는 숫양의 번제와 살진 짐승의 기름에 배불렀고 나는 수송아지나 어린 양이나 숫염소의 피를 기뻐하지 아니하노라 너희가 내 앞에 보이러 오니 이것을 누가 너희에게 요구하였느냐 내 마당만 밟을 뿐이니라 헛된 제물을 다시 가져오지 말라 분향은 내가 가증히 여기는 바요 월삭과 안식일과 대회로 모이는 것도 그러하니 성회와 아울러 악을 행하는 것을 내가 견디지 못하겠노라"(사 1:11-13).

우리가 사는 이 시대만큼 예배가 주목을 받는 주제가 된 적이 있었는지 모르겠다. 예배에 대해 많은 관심이 쏟아진다. 예배와 관련된 수없이 많은 내용으로 고민을 한다. 예배당 구조를 어떻게 하는 것이 좋겠는가, 음향과 영상 시설은 어떻게 하는 것이 좋겠는가, 조명은 어떤가, 예배 순서는 어떻게 하는 것이 좋겠는가, 악기는 어떤 것을 사용할까…….

그러면서도 정작 예배와 분리될 수 없는 예배자는 잊히고, 예배자의 삶은 관심 대상에서 주목받지 못하고 밀려난 것은 아닐까? 혹, 우리가 자주 모이는 예배의 자리가 헛된 찬송이나 헛된 기도가 무수히 울려 퍼지는 가증스러운 현장이 되고 있지는 않은가? 예배하는 것을 좋아한다고 해서, 찬송 부르는 것을 좋아한다고 해서, 그것이 곧 우리 예배를 하나님이 기뻐하시는 예배가 되도록 하는 것은 아니다.

우리가 시간과 열정을 담아 예배하지만 그것이 혹 가인의 예배에 그치고 있는 것은 아닌가? 사람들은 예배를 위해 많은 노력과 재정을 쏟는다. '좋은' 예배, '멋진' 예배, '살아 있는' 예배, '영성이 있는' 예배, 그런 예배를 경험하고자 무진 애를 쓴다. 하지만 이제는 그 열정을 '예배자'에게 쏟을 때다. 그렇지 않으면, 혹 그 예배가 예배 현장에 모인 사람들에게는 감동을 주는 예배가 될지는 몰라도, 정작 하나님께서는 쳐다보시지도 않는 그런 예배에 머물러 버릴 수 있다.

하나님이 보시기에 우리는 과연 어떤 예배자인가? 가인에게서 나의 모습을 찾을 수 있는가, 아니면 아벨에게서 나의 모습을 발견할 수 있는가? 예배의 자리에 오기까지의 삶에서도, 함께 모여 예배하는 현장에서도, 그리고 다시 예배의 자리를 떠난 후에도, 우리가 언제나 아벨의 자리에서 발견되기를 원한다.

가인, 그의 모습은 참으로 우리를 안타깝게 한다. 그가 예배의 현장에 오기까지는 '선을 행치 아니하는 자'로 불리는 삶을 살았다 하더라도, 그래서 그의 예배를 하나님이 쳐다보지도 아니하셨다 하더라도, 그에게는 하나님께서 기뻐하시는 예배자로 바뀔 수 있는 기회가 있었으리라.

하나님께서 그와 그의 제물을 받지 않으시는 것을 알았을 때, 하나님 앞에서 오만불손한 분노의 길을 택하기보다, "하나님, 어찌해야 하오리까?" 하고 겸손히 고백하며 긍휼을 구했다면 좋았으련만. 그랬다면 가인이나 별반 차이 없는 우리를 불쌍히 여기시고, 예수 그리스도의 보혈로 정결케 하시는 것처럼, 선을 행치 아니하는 그의 삶에 하나님께서 용서는 물론이거니와 그를 새롭게 하시는 은혜를 붓지 않으셨겠는가. 그리고 그 은혜 안에서 하나님을 깊이 만나며 예배하지 않았겠는가.

이 세상에서 그 누가 나는 가인보다는 낫다고 하겠는가?

그저 주의 보혈로 인하여 담대히 은혜의 보좌 앞으로 나아가는 것이지…….

내가 가인처럼 살아가면서 하나님을 예배하고 있음을 깨닫는다면, 바로 지금 주의 긍휼을 구하며 하나님 앞에서 아벨 같은 예배자로 변화되어야 하지 않겠는가?

하나님이 우리를 아신다. 우리의 연약함을 아신다.

"하나님 앞에는 아무 피조물도 숨겨진 것이 없고, 모든 것이 그의 눈앞에 벌거숭이로 드러나 있습니다. 우리는 그의 앞에 모든 것을 드러내 놓아야 합니다. 그러나 우리에게는 하늘로 올라가신 위대한 대제사장이신 하나님의 아들 예수가 계십니다. 그러므로 우리의 신앙 고백을 굳게 지킵시다. 우리의 대제사장은 우리의 연약함을 동정하지 못하시는 분이 아닙니다. 그는 모든 점에서 우리와 마찬가지로 시험을 받으셨지만, 죄는 없으십니다. 그러므로 우리는 담대하게 은혜의 보좌로 나아갑시다. 그리하여 우리가 자비를 받고 은혜를 입어서, 제때에 주시는 도움을 받도록 합시다"(히 4:13-16, 표준새번역).

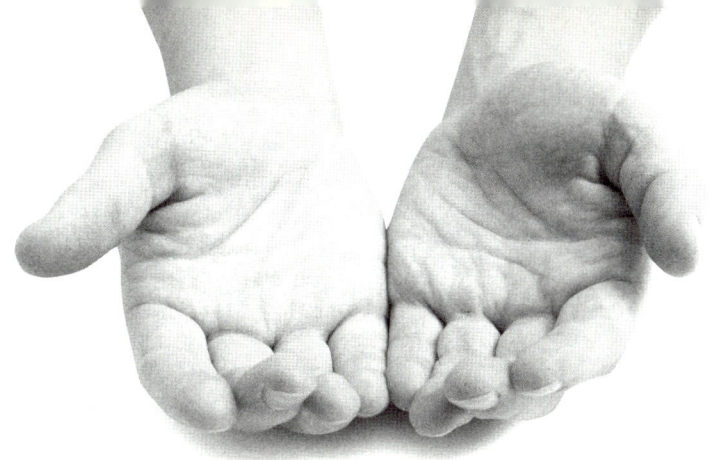

동행

Walking with God

하나님의 긍휼이 흐르게 하다

순종이 제사보다 낫다

6
하나님의 긍휼이 흐르게 하다
***

하나님과의 동행

성경의 많은 인물 중에 '우리도 그렇게 살았으면 좋겠다'고 생각되는 사람들의 명단을 만든다면, 아마도 에녹의 이름을 빠뜨릴 수 없을 것이다. 에녹에 대해 성경은 아주 간단하게 기록하고 있기 때문에 그가 구체적으로 어떻게 살았는지는 잘 알 수 없지만, 많은 사람이 에녹처럼 살았으면 좋겠다고 한다. 에녹에 대한 성경의 기록은 이렇다.

"에녹은 육십오 세에 므두셀라를 낳았고 므두셀라를 낳은 후 삼백 년을 하나님과 동행하며 자녀들을 낳았으며 그는 삼백육십오 세를 살았더라 에녹이 하나님과 동행하더니 하나님이 그를 데려가시므로 세상에 있지 아니하였더라"(창 5:21-24).

> "믿음으로 에녹은 죽음을 보지 않고 옮겨졌으니 하나님이 그를 옮기심으로 다시 보이지 아니하였느니라 그는 옮겨지기 전에 하나님을 기쁘시게 하는 자라 하는 증거를 받았느니라"(히 11:5).

삼백육십오 년을 산 에녹의 삶이 이렇게 간단하게 기록된 것을 보면 에녹은 아마도 역사에 기록이 남을 만한 그런 대단한 일을 하면서 살지는 않았던 모양이다. 우리처럼 평범한 사람으로 살았던 것 같다. 그런데도 이런 에녹을 많은 사람이 선망하는 이유는 아마도 '에녹이 하나님과 동행하더니'라는 말씀에 있을 것이다. 하나님이 에녹의 인생을 그렇게 평가하셨다. 그래서 우리도 에녹을 '하나님과 동행한 사람'이라고 부른다. 한 사람의 생애가 하나님의 마음에 이처럼 멋지게 기억될 수 있다면 얼마나 좋을까.

에녹의 삶에 있었던 '하나님과의 동행' 그것은 과연 무엇인가?

우리는 누군가와 동행해 본 경험들이 있다. 며칠 동안 함께 여행을 떠나 보기도 하고, 더 오랜 기간 동안 같은 사명을 가지고 함께하기도 하고, 배우자와 함께 평생을 동행하기도 한다. 자발적으로 하는 동행도 있고, 어쩔 수 없이 하는 동행도 있다. 흐뭇한 기억으로 오래 남는 동행도 있고, 다시는 기억조차 하기 싫은 동행의 경험도 있다. 에녹은 삼백 년이라는 그 긴 세월이 지나도록 하나님과 동행했다. 그 동행을 마치면서 하나님은 그를 '하나님을 기쁘시게 하는 자'라고 부르셨다. 하나님께서는 에녹과의 동행을 기뻐하셨다. 이처럼 참으로 기쁨이 되는 동행은 어떤 것일까?

함께 동행하는 사람들이 서로 같은 마음을 가지고 있고 같이 있는 것을 좋아해야 그 동행에 기쁨이 있을 것이다. 서로 신뢰하며, 같은 것을 보고 즐거워하고, 같은 일에 슬퍼하고, 같은 것에 분노를 느낄 때, 그것이 기쁨을 주는 진정한 동행이 되지 않겠는가. 에녹과의 동행이 하나님께 기쁨이 되었다. 에녹의 마음이 늘 하나님의 마음과 같았다는 뜻일 것이다.

하나님은 하나님께 속한 백성 이스라엘과도 그런 동행을 원하셨다. 그러나 성경의 기록을 통해 보면, 그들에게서 하나님과의 그런 동행을 발견하기 어렵다. 하나님은 이스라엘과의 동행에 대해 기쁨이 아니라 오히려 가증스러움을 느끼셨다. 오죽했으면 그들과 깊이 만나려고 만들어 놓은 성전의 문을 이제는 누군가가 좀 닫아 버렸으면 좋겠다고까지 하셨을까. 그들의 마음이 하나님에게서 멀리 떠나 있다고 말씀하시기도 하셨다. 하나님이 관심을 갖고 소중히 여기시는 일에 그들의 마음이 함께 있지 못했다. 그들은 하나님을 신뢰해야 하는 것조차 포기해 버리고 우상들에게 집착한 것이다. 그들의 삶은 하나님을 분노하시게도 했다. 그래서 약속의 땅에서 쫓겨 나가야 하는 지경까지 이르렀다. 그래도 그들은 하나님의 마음에는 관심조차 없었다. 그저 제물만 들고 성전으로 가면 되겠거니 생각했다.

　제물을 준비하기 전에, 성전 뜰을 밟기 전에, 이스라엘 백성은 하나님의 마음이 어디에 있는지를 알아야 했다. 그러나 그들은 그렇게 하지 않았다. 하나님께서 선을 행치 않고 사는 가인과 그가 들고 온 제물을 받지 않으신 것처럼 악을 행하면서 아울러 제물을 들고 성전에 모이는 이스라엘의 예배를 헛되고 가증스럽게 여기신다는 것을 알아야 했다. 그런데 이스라엘 백성은 바벨론으로 쫓겨 간 후에도, 하나님의 심정을 알려고도 하지 않은 채 자신들의 처지만을 한탄한다. 쫓겨 온 땅에서 다른 민족에게 받는 대우가 억울하다고 갚아 달라고 하소연한다. 그들이 억울하게 당하고 있다고 호소하는 일들은, 이미 오래전에 하나님께서 그들을 향해 악행을 멈추라고 책망하시던 그런 일들인데도 말이다. 그런 일들을 회개하며 돌이켜야 함에도 불구하고 그들은 자기들이 행한 일을 기억하지 못할 뿐만 아니라, 그들을 위해서 하나님께서 갚아 달라고 울며 호소한다. 하나님은 그들을 가리켜서 '얼굴이 뻔뻔하고 마음이 굳은 자' 라고 부르신다(겔 2:4). 그래도 그들은 하나님의 마음에는 아랑곳하지 않는다. 관심이 없다.

하나님의 마음 알기

　하나님께서 이스라엘 백성에게 원하신 마음은 어떤 것일까? 이스라엘이 품기를 바라신, 하나님이 소중히 여기시는 마음은 어떤 것일까? 그것은 긍휼히 여기는 마음이다. 하나님은 고아와 과부들, 마음이 상한 자, 갇힌 자, 포로된 자들을 불쌍히 여기셨다. 그래서 출애굽한 이스라엘에게 말씀하시기를, 그들 자신도 나그네였던 것을 기억하며 나그네를 학대하지 말고 사랑하라고 하신다(출 22:21; 신 10:19). 고아와 과부와 궁핍한 자를 압제하지 말라고 하신다. 그리고 그들로 와서 배부르게 먹게 하라고 하신다. 포도원의 포도를 딴 후에도, 감람나무에서도, 곡식을 벤 후에도, 남은 것을 다 따거나 떨어진 것을 거두지 말고, 그들을 위해 남겨두라 하신다. 하나님은 그가 지으신 사람들이 함부로 취급받고 무시당하고 억압당하는 것을 기뻐하지 않으신다. 하나님의 마음은 그들에게 향하셨고 그들을 불쌍히 여기며 사랑하셨다. 그러나 이스라엘은 하나님의 마음이 있는 곳에 그들의 마음을 두지 않았다. 하나님이 소중히 여기시는 일에 그들의 가치를 두지 않았다. 그런 이스라엘 백성의 삶을 책망하시면서 하나님은 선지자들을 통해 거듭 명령하신다.

"……내 목전에서 너희 악한 행실을 버리며 행악을 그치고 선행을 배우며 정의를 구하며 학대 받는 자를 도와주며 고아를 위하여 신원하며 과부를 위하여 변호하라……"(사 1:16-17).

"너희는 이것이 여호와의 성전이라, 여호와의 성전이라, 여호와의

"성전이라 하는 거짓말을 믿지 말라 너희가 만일 길과 행위를 참으로 바르게 하여 이웃들 사이에 정의를 행하며 이방인과 고아와 과부를 압제하지 아니하며 무죄한 자의 피를 이곳에서 흘리지 아니하며……"
(렘 7:4-6).

하나님께서 소중히 여기시는 것을 무시하면서 하나님과 동행할 수 없다. 그러면서도 하나님이 기뻐하시는 예배를 하겠다고 하는 것은 있을 수 없다.

하나님께서 이스라엘 백성이 평생에 지켜야 하는 계명들을 말씀하시는 중에도 가난한 자들을 돌보며 구제하라고 명령하시는데 그 이유를 이렇게 말씀하신다.

"너는 애굽 땅에서 종 되었던 것과 네 하나님 여호와께서 너를 속량하셨음을 기억하라 그것으로 말미암아 내가 오늘 이같이 네게 명령하노라"(신 15:15).

어려운 이웃에게 은혜와 긍휼을 베푸는 것은, 나도 하나님으로부터 그런 은혜와 긍휼이 필요한 자였고 하나님께서 나를 구원해 주심을 기억하며 감사하는 삶의 행동이다. 어떤 미국 교회에서는 축도로 예배를 마친 후 예배당을 나서는 사람들에게 이런 말을 한다.

"평안히 가라. 그리고 가난한 자들을 기억하라."
"Go in peace and remember the poor."

하나님을 예배하는 자의 삶은 하나님의 마음이 있는 곳에 같이 있어야 함을 잘 나타내 주는 말이다. 긍휼이 많으신 하나님은 급기야 사람의 몸으로 이 땅에 오셔서 병든 자, 억눌린 자, 억압받는 자들을 찾아가셨는데 우리는 그런 사람들의 필요와 고통을 외면하고 그들에게 선을 행함과 나눔 없이 우리 자신의 삶에만 몰두한다면, 우리가 드리는 예배가 어찌 하나님이 기뻐하시는 예배가 될 수 있겠는가. 예배의 자리에는 머물러 있을지라도 하나님의 마음에 있는 예배자는 아닐 것이다.

예수님께서 어느 날 회당에서 메시아의 오심을 예언한 이사야의 말씀을 읽으셨다.

"주의 성령이 내게 임하셨으니 이는 가난한 자에게 복음을 전하게 하시려고 내게 기름을 부으시고 나를 보내사 포로 된 자에게 자유를, 눈 먼 자에게 다시 보게 함을 전파하며 눌린 자를 자유롭게 하고 주의 은혜의 해를 전파하게 하려 하심이라……"(눅 4:18-19).

그러고는 이 말씀이 오늘 이루어졌다고 하셨다. 예수님이 오셔서 은혜의 해를 선포하시기 전까지는 우리도 모두 죄에 포로 된 자요, 어둠으로 눈먼 자요, 억압당하고 눌린 자요, 또한 고아와 과부와 같은 자가 아니었던가? 그렇다면 주의 긍휼을 받고 은혜로 구속된 우리에게 주님은 옛적에 이스라엘 백성에게 하신 것처럼 이렇게 말씀하시지 않겠는가? "너희도 포로 된 자요, 눈먼 자요, 눌린 자였던 것을 기억하며 그들을 압제하지 말며 그들을 불쌍히 여기고 도우며 사랑하라. 내가 너를 구속하였음을 기억하라. 그를 인하여 내가 이같이 명하노라."

하나님이 긍휼히 여기시는 자들을 우리도 불쌍히 여기는 것, 그것이 우리 주님이 소중히 여기시는 것이라면 우리도 주님과 같은 마음을 가지고 그것을 소중히 여기며 지키고 사는 것이 하나님의 은혜를 기억하면서 진정으로 예배하는 자의 삶이 아니겠는가.

문명의 발달은 내 주변으로 제한되어 있던 이웃의 범위를 온 세상으로 바꾸어 놓았다. 전에는 눈으로 마주칠 수 있는 사람들만이 우리가 불쌍히 여기고 도와야 할 대상이었는데, 이제는 발전된 기술의 도움으로 우리는 온 세상의 문제와 어려움을 우리 옆집의 일처럼 알게 되었다. 그렇다고 온 세상의 고아와 과부들, 어려움을 당하고 억압받는 자들 모두를 우리가 도와야 한다는 것은 아니다. 그렇게 할 수도 없다. 그러나 내게 보여 주시고 깨닫게 하시는 하나님의 마음을 알아서 그 뜻에 순종함으로, 우리를 통해 하나님의 긍휼이 그들에게 흘러가도록 해야 하지 않겠는가.

데이비드 케이프(David Cape) 목사는 대야가 달린 나무 십자가를 메고 다닌다고 한다. 그는 하나님이 인도하시는 곳이면 이 세상 어느 곳이든지

가서 그곳에서 만나는 사람마다 예수님이 하신 것처럼 그들의 발을 씻겨 주고 있다. 지금까지 수천 명의 발을 씻기며 다니고 있는데, 그 발 씻김을 통해 나병환자들이 치료되기도 하고 깨어진 가정이 회복되기도 하고, 죄악과 어둠의 삶에서 헤어 나오지 못하던 사람들이 주님을 만나게 되고, 도시 전체가 부흥되기도 한다고 한다. 이 이야기는 **종의 마음**(*God's Secret to Greatness*, 토기장이)이라는 책에 소개된 이야기이다. 데이비드 목사뿐만 아니라 우리는 세계 곳곳에서 버려지고 억압받고 소외된 사람들, 빈곤과 기근으로 굶주린 사람들, 전쟁으로 고통받는 사람들, 질병으로 격리된 사람들을 찾아가 그들과 함께 평생을 살며 섬기는 사람들의 감동적인 이야기도 많이 듣는다. 그들은 모두 그들에게 보이신 하나님의 마음을 따라 살고 있는 사람들이다. 그들이 하나님의 마음을 가졌기에 그들을 통해 하나님의 긍휼이 흘러간다.

하나님은 그들과 동일한 일을 하도록 우리 모두를 부르지는 않으셨다. 사람마다 그 부르심은 각각 다르다. 그러나 그 부르심과 상관없이 하나님의 사람이라면 누구나 품고 행해야 하는 하나님의 마음이 있다. 그것은 긍휼의 마음이다. 하나님의 긍휼이 우리를 통해 온 세상을 향해 흐르도록 해야 한다. 거침없이 흘러가도록 해야 한다.

왕 같은 제사장

하나님께서는 베드로전서를 통해 우리를 '왕 같은 제사장'이라고 부르신다(벧전 2:9). 이 말씀은 만인 제사장이라는 신학 용어를 만들어 냈다. 우리가 모두 제사장이라는 말이다. 다른 사람을 거치지 않고 우리 각자가 직접 하나님을 만나고 하나님께 기도할 수 있고 예배도 할 수 있다는 말로 이해한다. 옳은 말이다. 우리에게는 그런 엄청난 특권이 있다. 그러나 이 일에서만 그치면 우리를 특별히 '제사장'이라고 부르신 그 깊은 의미를 놓치고 만다. 제사장, 그는 누구인가?

이스라엘 백성이 광야를 지나고 있던 어느 날, 고라, 다단, 아비람 그리고 온이 백성의 대표 이백오십 명과 함께, 모세와 아론에게 불만을 품고 대적했다. "어찌하여 당신들은 주의 회중 위에 군림하려 하오?" 하면서, 모세와 아론에게 거역하며 일어섰다. 이들의 거역은 하나님께 대한 거역으로 여겨졌고 이 거역으로 인해 하나님께서는 이스라엘 온 회중을 순식간에 멸하겠다고 하셨다. 하나님께서는 땅을 갈라지게 하셔서, 그 주동자들과 그들에게 속한 모든 것을 땅속으로 던져 버리셨다. 그들을 따르던 이백오십 명은 불에 타서 죽었다. 그 다음 날, 이제는 온 백성이 일어서서 모세와 아론을 대적한다. 이에 하나님께서는 염병을 통해 백성을 치기 시작하신다. 이때 모세가 아론에게 급하게 말한다.

"…… 너는 향로를 가져다가 제단의 불을 그것에 담고 그 위에 향을 피워 가지고 급히 회중에게로 가서 그들을 위하여 속죄하라 여호와께서 진노하셨으므로 염병이 시작되었음이니라"(민 16:46).

이에 아론이 그 명령에 따라서 행했고, 이를 민수기는 이렇게 기록한다.

"……이에 백성을 위하여 속죄하고 죽은 자와 산 자 사이에 섰을 때에 염병이 그치니라"(민 16:47-48).

아론이 백성 가운데서 하나님 앞에 서 있을 때, 하나님께서 백성을 멸하는 일을 중단하셨다. 이렇게 하나님 앞에 서는 자, 그가 제사장이다. 이 일이 바로 제사장의 일이다. 백성을 불쌍히 여겨 달라고 하나님 앞에 서는 것, 그것이 제사장의 일이다. 하나님 앞에 나서지도 못하는 백성을 품고 긍휼의 하나님 앞에 무릎 꿇는 것, 그것이 제사장의 일이다. 그것은 제사장의 의무이며 특권이기도 하다. 우리가 제사장으로 불린다는 것은, 바로 그런 의무와 특권이 우리에게 있다는 뜻이다.

이스라엘의 제사장은 일 년에 한 차례, 성소의 휘장을 지나서 지성소 안으로 들어갈 수 있었다. 그때 제사장이 입은 복장에는 특별한 것이 있었다. 이스라엘 각 지파들의 이름이 새겨진 보석이 양쪽 어깨에 하나씩 붙어 있었다. 왼쪽 어깨에 여섯 지파, 오른쪽 어깨에 여섯 지파. 그의 가슴에 있는 흉배에도 각 지파의 이름이 새겨진 열두 보석이 붙어 있었다. 이 복장을 하고 지성소 안으로 들어갈 때, 제사장은 이 보석에 새겨진 이스라엘 모든 사람을 대표해서 하나님 앞으로 나아가는 것이다. 온 이스라엘 백성을 그의 어깨에 짊어지고 백성 한 사람 한 사람을 그의 가슴에 품고 하나님 앞으로 나아가는 것이다. 그리고 하나님의 임재 안에서 그 백성을 불쌍히 여겨 달라고 아뢰는 것이 아니겠는가?

하나님이 우리를 제사장이라고 부르셨다. 더욱이 우리는 지성소 안에서 하나님을 만날 수 있다. 예수 그리스도로 인해 그렇게 할 수 있게 되었다. 예수님의 죽으심으로 인해 위아래로 찢어진 성소의 휘장을 지나서 우리는 날마다 하나님 앞에 설 수 있다. 예수님의 보혈로 희게 씻긴 옷을 입고 하나님 앞으로 나아갈 수 있다. 우리가 지성소에서 하나님을 만나는 제사장이라면, 우리도 그 옛날 제사장의 옷에 붙어 있던 보석들을 붙이고 하나님 앞에 나서는 사람들인 것이다. 하나님께 나아갈 수 없는 우리의 자녀나, 부모나, 남편이나, 아내나, 친척이나, 우리의 이웃이나, 민족이나 나라를 불쌍히 여기며 그들을 가슴에 품고 그들을 우리의 어깨에 짊어지고 지성소 안으로 들어가는 자가 제사장이다. "하나님, 이들을 기억하옵소서, 긍휼히 여겨 주옵소서" 하면서, 하나님 앞에 무릎 꿇는 자가 제사장이다. 제사장은 그들의 구원자가 아니다. 구원자 앞으로 그들을 데려다 놓는 자다. 제사장은 문제의 해결자가 아니다. 그들의 문제를 해결자 앞으로 갖다 놓는 자이다. 깨진 관계, 상한 마음들, 무너진 도덕, 하나님을 거역함 등을 하나님 앞으로 가져가는 자다. 오직 그들을 긍휼히 여기는 마음으로……

제사장이라는 우리의 신분은 우리에게 영적 우월감을 가져다주는 것이 아니다. 오히려 우리를 낮추고 긍휼의 마음을 갖도록 하는 것이다. 긍휼의 마음을 가지고 하나님 앞에 설 때 하나님의 긍휼이 우리를 통해 온 세상을 향해 흘러갈 것이다. 하나님과 동행하는 자는 긍휼의 마음이 있는 자다. 긍휼히 여기는 마음 없이는 하나님과 동행하지 못한다.

예수님께서는 종교 지도자들뿐 아니라 일반 사람들조차도 업신여기고 멸시한 세리들 그리고 죄인이라 불리는 사람들과 함께 음식을 잡수셨다. 그 모습을 보고 힐난하는 바리새인들에게 하신 예수님의 말씀은 이 시대의 우리에게도 여전히 유효하다.

"너희는 가서 내가 긍휼을 원하고 제사를 원하지 아니하노라 하신 뜻이 무엇인지 배우라……"(마 9:13).

예배가 필요 없다는 말씀이 아니다. 하나님이 원하시는 긍휼의 마음으로 행하며 살지 않으면서 의식만 진지하게 행하는 예배라면, 하나님은 그 예배를 원치 않으신다는 말씀이다. 하나님은 우리에게 긍휼히 여기는 마음을 원하신다.

코이노니아

긍휼히 여기는 마음에서 나오는 행동은 구체적으로 어떤 것들인가? 하나님은 당신에게 누군가를 재정적으로 도우라고 하실 수도 있다. 병원으로 누군가를 찾아가 위로하라고 하실 수도 있다. 어려운 일을 겪는 누군가를 도우라고 하실 수도 있다. 홀로 살아가는 누군가를 살피라고 하실 수도 있다. 고통 속에 있는 누군가와 함께 있어 주라고 하실 수도 있다. 같이 울라고 하실 수도 있다. 누군가에게 먹을 것을 주라고 하실 수도 있다. 누군가에게 물 한 잔을 가져다주라고 하실 수도 있다. 하나님께서 주시는 그 마음에 우리가 즉각 순종할 때 그 행동이 혹 보잘것없어 보이는 작은 일일지라도, 그 일은 곧 하나님께 한 일이라고 하나님의 마음에 기억될 것이다. 그런 삶은 하나님이 기뻐 받으시는 예물이 된다는 것을 히브리서가 이렇게 말하고 있다.

"오직 선을 행함과 서로 나누어 주기를 잊지 말라 하나님은 이같은 제사를 기뻐하시느니라"(히 13:16).

'나누어 주기'라는 말은 헬라어로 코이노니아(κοινωνία)이다. 보통 '교제'(fellowship)라는 말로 번역한다. 단순한 '교제'라는 말보다는 친밀한 교제를 뜻하는 '친교'라는 말이 더 어울리는 말이다. '친교'나 '교제'라는 말을 들으면 우리는 보통 차 한 잔 마시면서, 혹은 함께 식사하면서 이야기를 나눈다든지, 또는 서로 대화하면서 삶을 나누는 것을 떠올린다. 그러나 코이노니아는 이런 생각을 넘어서는 개념이다. 코이노니아라는 말에는 깊은 의미들이 있는데 그중 하나가 나누어 주는 것(sharing)이다. 예루살렘 교회가 어려움 중에 있을 때 고린도 교회가 그들을 돕기 위해 구제 헌금을 했는데 바울은 그 헌금에 대해 이렇게 기록한다. "……그들과 모든 사람을 섬기는 너희의 후한 연보로 말미암아 하나님께 영광을 돌리고"(고후 9:13). 바울은 '연보'라는 말에도 코이노니아라는 헬라어를 사용하고 있다. 내게 있는 것을 어려움에 처한 사람들에게 나누어 주는 것이 코이노니아다. 그 일은 하나님께 영광이 되고 하나님께서 기뻐하시는 제물이 된다. 그러므로 다른 사람들을 긍휼히 여기며 나누어 주는 일은 나와 그들과의 교제가 될 뿐만 아니라 나와 하나님과의 교제가 된다.

나는 하나님과 그렇게 교제하고 있는가?

우리에게는 예수 그리스도가 필요했다. 하나님은 예수 그리스도를 우리에게 보내셨다. 그래서 우리와 코이노니아를 이루셨다. 예수 그리스도의 돌아가심으로 주의 살과 피가 필요한 우리에게 그의 몸을 나누어 주셨다. 그것이 하나님이 기뻐하시는 제물이 되었다. 주의 몸을 받은 우리에게 그리스도와 코이노니아가 이루어졌다. 코이노니아는 하나님의 마음을 나누는 것이다. 하나님의 마음이 있는 곳에 내 마음을 두는 것이다. 다음의 고백은 그것을 잘 표현해 주고 있다.

"아버지 당신의 마음이 있는 곳에 나의 마음이 있기를 원해요.

아버지 당신의 눈물이 고인 곳에 나의 눈물이 있기를 원해요.

아버지 당신이 바라보는 영혼에게 나의 두 눈이 향하길 원해요.

아버지 당신이 울고 있는 어두운 땅에 나의 두 발이 향하길 원해요.

나의 마음이 아버지의 마음 알아

내 모든 뜻 아버지의 뜻이 될 수 있기를

나의 온몸이 아버지의 마음 알아 내 모든 삶 당신의 삶 되기를……."

- 박용주

하나님을 진정으로 예배하는 자는 하나님과 동행하는 자다. 하나님과 동행하는 자는 하나님과 같은 마음을 가지고 살아가는 자다. 하나님이 긍휼히 여기는 사람들에게 긍휼을 베풀며 사는 사람이다. 하나님은 그의 예배를 즐거워하신다. 하나님은 그를 기뻐하신다. 그는 하나님의 마음에 있는 예배자다.

7
순종이 제사보다 낫다
***

여호와께서 명하신 대로

유다 왕 아하스가 앗수르 왕 디글랏 빌레셀을 만나러 다메섹에 갔다. 아하스 왕은 그곳에서 우상에게 제물을 바칠 때 사용하는 단을 보았다. 그의 눈에 참 멋져 보였던 모양이다. 그래서 그는 그 단의 모양을 자세히 그렸다. 무엇으로 만들었는지에 대해서도 알아 왔다. 그리고 제사장 우리야에게 그 내용을 전해 주고는 다메섹에서 본 그대로 단을 만들게 했다. 단이 완성되자 원래 있던 단은 옆으로 치워 놓고, 새로 만든 단을 그 자리에 놓았다. 하나님의 생각과 지시에 따라 만들어진 단을 옆으로 치우고 자기가 보기에 근사해 보인 우상의 단을 들여놓았다.

그 단을 다메섹의 신에게 제사하기 위해서 준비한 것이라면 그것은 틀림없는 우상 숭배요, 큰 죄악이 될 것이다. 그렇지 않고 하나님께 제사 드리기 위해서 한 것이라 하더라도 이제 그 단에서 이루어지는 제사는 하나님 앞에 옳지도 못하고 거룩하지도 못한 제사가 되어 버린다. 아무리 새 디자인으로 만든 제단에서 드리는 멋지고 기대되는 제사라 해도 그것은 제사에 대해 규정해 주신 하나님의 말씀을 거역하는 일이다. 그 결과, 하나님께 드리는 제사를 더럽히게 된다. 그런 일은 결국, 하나님을 무시하는 일이 된다. 예배하는 방법이든지, 예배자의 삶이든지, 어떤 범주에 속하는 일이든지, 하나님의 말씀을 거역하는 것은 하나님을 업신여기는 일이 되고 만다. 그렇게 하면서 동시에 하나님을 예배할 수 없을 것이다.

애굽을 나온 후 광야에서 하나님은 모세에게 성막을 만들도록 지시하신다. 성막의 각 부분을 무엇으로 어떻게 만들어야 하는지 아주 자세히 하나하나 설명하신다. 그러시면서 하나님은 모세에게 이렇게 말씀하신다.

"너는 삼가 이 산에서 네게 보인 양식대로 할지니라……" (출 25:40; 26:30; 27:8).

이제 모세가 재료들을 다 모으고 성막을 만들기 시작하는데, 출애굽기 36장부터 무려 네 장에 걸쳐 무엇으로 어떻게 만들었는지 그 내용이 자세히 기록되고 있다. 우리는 출애굽기를 읽기 시작한 후에 이 부분에 도달하면 긴장감이나 흥미를 잃어버리기 쉽다. 이미 36장 이전에 이미 하나님께서 모세에게 무엇으로 어떻게 만들라고 알려 주실 때 아주 세세하게 기록된 그 내용을 인내하며 읽어왔는데, 이해하기 어려운 똑같은 내용을 또다시 읽어야 하기 때문이다. 이런 동일한 내용을 출애굽기의 많은 부분을 할애하면서 또다시 장황하게 기록하고 있는 이유가 무엇일까? 이 일을 처음 시작하면서 그리고 마친 후에 모세가 한 말을 통해 그 이유를 찾을 수 있다. 시작할 때 이렇게 말한다.

"……여호와께서 명령하신 대로 할 것이니라"(출 36:1).

그리고 마친 후에는 이렇게 기록하고 있다.

"모세가 그 마친 모든 것을 본즉 여호와께서 명령하신 대로 되었으므로 모세가 그들에게 축복하였더라"(출 39:43).

하나님을 예배하는 성막을 만들 때, 완성 후 성막을 세우고 그 안에서 섬길 때, 그 모든 일은 하나님께서 명하신 대로 순종해서 했음을 알리고자 함이지 않았겠는가? 그들에게 모세가 하나님께로부터 지시받았다고 하는 것보다 더 멋지고, 더 세련되고, 예배자들에게 감동을 줄 수 있고, 하나님의 임재를 느끼게 해줄 수 있다고 생각되는 더 좋은 아이디어들이 있었을지도 모른다. 또는 이전에 애굽에서 본 이방 신들을 섬기는 장소나, 기구들, 의복들, 그리고 애굽 사람들이 행하는 의식들에서 하나님의 디자인보다 더 좋은 생각들이 떠올랐을 수도 있다.

그러나 그들은 '여호와께서 모세에게 명하신 대로' 했다. 그들은 하나님의 말씀을 그대로 따랐다.

그들의 후손들은 이 말씀을 읽을 때마다 그들의 선조가 그렇게 하나님께 순종했다는 것을 기억하게 될 것이다. 하나님을 순종하는 일이 참으로 중요한 일이라는 것을 확신하고 또 확신하게 될 것이다.

하나님을 예배하면서 하나님께 순종하는 것을 제쳐 놓고 우리가 과연 어떤 예배를 할 수 있겠는가? 하나님을 예배하는 자는 하나님 말씀에 순종하는 일을 절대 가벼이 여길 수 없다.

이스라엘과 아말렉과의 전쟁이 있었다. 하나님은 이 전쟁에서 특별한 명령을 하셨다. 아말렉을 치고 그들에게 있는 것은 아무것도 남기지 말고 진멸하라는 것이었다. 그러나 이스라엘은 그 명령에 순종하지 않았다. 아말렉 왕을 사로잡아 놓고, 양들과 소들 중에서 가장 좋은 것들은 남기고 가치 없어 보이는 것들만 죽였다. 이토록 하나님의 말씀을 거역한 사울 왕을 향해 사무엘이 책망한다. "……거역하는 것은 점치는 죄와 같고 완고한 것은 사신 우상에게 절하는 죄와 같음이라……"(삼상 15:23). 하나님 말씀에 순종하지 않는 것은 우상 숭배하는 일과 같다는 말이다. 우상 숭배를 하면서 하나님이 기뻐하시는 예배를 한다는 것이 가능할 리 없다. 우리의 모습은 어떠한가? 만약 우리가 일상의 삶에서 하나님 말씀에 순종치 않고 살다가 예배의 자리에 나아온다면, 우리도 우상 숭배하는 자로서 하나님을 예배하겠다고 나온 것이 아니고 무엇이겠는가? 내가 순종하지 않는 하나님을 진정으로 예배할 수는 없을 것이다. 하나님을 예배함에 있어서 하나님 말씀에 순종하는 삶은 그렇게 중요한 일이다. 순종하지 않는 예배자란 없다.

사울 왕이 하나님의 말씀에 순종하지 않은 이유는 무엇일까? 그의 대답에 따르면 사울은 백성이 두려워 그들이 하자는 대로 했다고 한다.

"……내가 여호와의 명령과 당신의 말씀을 어긴 것은 내가 백성을 두려워하여 그들의 말을 청종하였음이니이다"(삼상 15:24).

그러나 그가 말한 대로 정말로 그랬는지는 알 수 없다. 이 말이 끝나고 그가 사무엘에게 간청한 말을 고려해 볼 때, 사울은 하나님에 대한 순종이나 예배에 관심이 있지 않았음을 알 수 있다. 사울의 말을 들어보면 그렇다. 사울이 사무엘에게 이렇게 간곡히 부탁한다.

"청하오니 지금 내 죄를 사하고 나와 함께 돌아가서 나로 하여금 여호와께 경배하게 하소서……내가 범죄하였을지라도 이제 청하옵나니 내 백성의 장로들 앞과 이스라엘 앞에서 나를 높이사 나와 함께 돌아가서 내가 당신의 하나님 여호와께 경배하게 하소서……"(삼상 15:25, 30).

사울이 지금 사무엘의 책망을 듣고 나서 진정으로 회개하고 있다고 보기는 어렵다. 사무엘이 이미 "……여호와께서 번제와 다른 제사를 그의 목소리를 청종하는 것을 좋아하심 같이 좋아하시겠나이까……"(삼상 15:22) 하면서 책망했는데도, 사울은 자신이 예배의 자리에 있어야 한다는 데에 그 마음이 급급하다. 사울은 사무엘과 함께 하나님을 예배하는 자리에 있음으로 해서 백성 앞에서 자기의 위신을 높이고 왕의 권위를 유지하려는 마음으로 가득 차 있었다. 하나님을 거역한 일에 대해 엄히 말하고 있는 상황에서 자기를 높여 달라고 사무엘에게 부탁하는 것을 보면, 지금이 어느 때인가 하는 감각조차 잃은 것 같다. 지금은 백성 앞에서 자기를 높일 때가 아니라 하나님 앞에서 자기를 철저하게 낮추어야 할 때가 아닌가?

하나님을 경외함

사울 왕은 그가 말한 대로 백성을 두려워했을 수도 있고 그렇지 않았을 수도 있다. 하나님 말씀에 순종하지 않은 사울의 동기가 무엇이었는지 알 수 없지만 한 가지는 확신할 수 있다. 사울은 하나님을 두려워하지 않았다는 것이다. 하나님을 경외하지 않았다는 것이다. 순종하는 것은 하나님을 경외하는 것과 아주 밀접한 관련이 있다.

하나님을 경외한다는 말이 성경에 처음 등장하는 곳은 하나님께서 이삭을 제물로 바치라고 아브라함을 시험하시는 이야기에서다. 하나님이 아브라함에게 내린 명령은 누구라도 이해할 수 없는 명령이다. 그런데도 아브라함은 주저함 없이 하나님의 명령에 순종으로 응답한다. 조건 없는 순종으로, 즉각적인 순종으로, 온전한 순종으로 응답한다. 아브라함이 어떻게 해서 그렇게 할 수 있었을까? 그 실마리는 이삭을 향해 칼을 뽑아든 아브라함을 다급하게 부르는 하나님의 사자가 한 말에서 발견된다.

"……네가 네 아들 네 독자까지도 내게 아끼지 아니하였으니 내가 이제야 네가 하나님을 경외하는 줄을 아노라"(창 22:12).

바로 '하나님을 경외하는' 이라는 말에서 그 답을 찾을 수 있다. 즉, 아브라함이 하나님을 경외하는 사람이었기에 순종할 수 있었다는 것이다.

'경외'라고 하는 말에 사용된 히브리어의 의미는 보통 '두려워한다'는 뜻으로 번역할 수 있는 말이다. 그러나 하나님을 경외한다고 할 때, 이 말은 단순히 하나님을 두려워하고 무서워한다는 뜻과는 다른 의미를 가지고 있다.

모세가 하나님으로부터 받은 십계명을 백성에게 전달할 때에 백성은 우뢰와 번개와 나팔 소리가 나고 산에서 연기가 나는 것을 보고 떨고 있었다. 이때 모세가 백성에게 "……두려워하지 말라 하나님이 임하심은 너희를 시험하고 너희로 경외하여 범죄하지 않게 하려 하심이니라"고 말한다(출 20:20). '두려워하지 말라'고 하면서 동시에 '경외'해야 한다고 말하는 것을 보면 경외한다는 것은 일반적으로 말하는 두려워한다는 것과는 다름을 알 수 있다. 레위기("너희 각 사람은 부모를 경외하고", 19:3)와 출애굽기("네 부모를 공경하라", 20:12)의 말씀에 의하면 부모를 '경외'하는 것과 부모를 '공경'하는 것을 같은 의미로 이해하고 있다. 부모를 '공경'하라는 말은 무서워하라는 말은 아닐 텐데, 그렇다면 같은 의미를 가진 '경외'하라는 말은 무서워하라는 말이 아니라, 부모에게 그에 합당한 대우를 하라는 것으로 이해할 수 있을 것이다. 경외하는 것이 단순히 두려워하는 것이라고 한다면, "여호와의 친밀하심이 그를 경외하는 자들에게 있음이여……"(시 25:14)라는 시편의 말씀은 이해하기 어렵다. 두려워하는 것과 친밀한 것이 함께 있기는 어렵기 때문이다.

그렇다면 하나님을 경외한다는 것은 무엇인가? 하나님을 경외한다는 말은 하나님을 진정 하나님 되시게 한다는 말로 이해할 수 있다. 하나님을 진정 하나님으로 여기고 그에 맞게 대접한다는 말이다. 즉, 하나님이 전능하신 분이라면, 전능하신 분에 합당하게 우리가 생각하고 행동한다는 것이다. 하나님이 신실한 분이라면, 하나님의 말씀과 약속은 신실하게 이루어질 것이라는 믿음을 가지고, 그 신실하심에 어울리게 우리가 말하고, 생각하고, 행동한다는 것이다. 하나님이 온 우주 만물의 주권자라면, 그에 맞게 우리가 그를 의지하고 신뢰하고 순종하는 것, 그것이 하나님을 경외하는 것이다. 하나님께 합당한 영광, 하나님의 성품에 합당한 신뢰, 하나님의 이름에 합당한 순종으로 하나님과 관계하는 것이 하나님을 경외한다는 말이다.

모세가 태어나던 시대에, 히브리 사람의 남자 아기가 태어나면 살리지 말라는 바로의 명령이 있었다. 그러나 히브리 산파는 생명의 주관자가 하나님이라는 것을 알았기에 애굽 왕의 엄하고 두려운 명령에도 불구하고 남자 아이를 살려낼 수밖에 없었다. 이 일로 인하여 하나님께서 산파에게 복을 주신다. 출애굽기는 그 일을 이렇게 기록한다. "그 산파들은 하나님을 경외하였으므로 하나님이 그들의 집안을 흥왕하게 하신지라"(출 1:21). 하나님을 경외한다는 말은 우리의 행동에서 하나님을 하나님 되시게 한다는 말이다.

아브라함은 하나님을 경외하는 사람이었다. 다시 말해, 하나님이 모든 인생의 주권자요, 소유주라는 것을 인정하고 하나님을 그런 하나님으로 대접하며 사는 사람이었다. 또한, 하나님은 신실하신 분이심을 믿고 그의 삶에서 하나님을 그런 하나님으로 대접했다. 그는 하나님께서 어떻게 해서든 그의 약속을 선하게 이루어 가실 것이라고 확신했다.

아브라함에게는 아들 이삭이 그 어떤 것과도 바꿀 수 없는 아주 소중한 존재다. 하나님도 아브라함의 그 마음을 아셨다. 그래서 이삭을 가리키면서 "네 아들 네 사랑하는 독자 이삭"이라고 말씀하신다(창 22:2). 나이 백 살이 되어 얻은 독자 이삭은 아브라함에게 큰 기쁨이었을 것이다. 이삭이라는 이름이 뜻하는 것처럼, 그는 아브라함의 삶에 웃음을 가져다 주는 존재였을 것이다. 이삭은 아브라함에게는 힘이요, 꿈이 됐을 것이다. 하나님의 약속을 성취해 갈 귀한 존재였다. 그런 이삭을 번제로 드리라고 하는데도 아브라함은 하나님과 논쟁하지 않는다. 불만을 토하거나 억울해하지도 않는다. 그 명령을 들을지 말지 고민한 흔적도 보이질 않는다. '설마 그것까지'라고 할 만한 소중한 것이었지만, 아브라함은 '그것까지도' 아끼지 않고 하나님께 순종한다. 창세기의 말씀은 그렇게 하는 것이 하나님을 경외하는 것이라고 한다(창 22:12).

우리는 하나님을 경외하는 자인가?

우리가 사는 모습은 어떤가? 내 인생이나 내 자녀가 내 계획과 생각이나 내 기대대로 되기를 바라다가 그렇게 되지 않으면, 참을 수 없는 고통을 느끼고 하나님께 분노하고 섭섭해하고 대항하기까지 하는 모습이, 혹 우리에게 있지 않은가? 하나님의 말씀이 내 생각과는 달라서 순종하지 못하겠노라고 고집하고 있지는 않은가? 그렇다면 우리는 하나님을 경외하는 자가 아니다. 아무리 하나님을 경외한다고 고백한다 할지라도 우리는 아직 하나님을 경외하는 삶과는 너무나 동떨어진 삶을 살고 있는 것이다. 만약 그러면서도 하나님을 섬긴다고 말한다면 하나님을 진정 하나님으로서가 아니라, 우리의 필요에 따라 우리를 도와주고 우리의 뜻을 이루어 주는 하나의 우상으로서 하나님을 섬기고 있는 것일지 모른다.

경외함의 증거

하나님을 경외하는 것은 우리가 하는 말의 고백에 머물러 있지 않다. 삶으로 나타나는 고백에 있다. 요나는 니느웨로 가서 하나님의 말씀을 전하라는 하나님의 명령을 받았다. 그러나 요나는 다른 곳이면 몰라도 니느웨로는 가고 싶지 않았다. 그곳 사람들에게는, 혹 저주와 멸망의 말씀이라면 몰라도 그 어떤 하나님의 말씀도 전하고 싶지 않았다. 더구나 용서나 자비의 말씀이라면 더욱 그랬다. 그래서 하나님의 명령을 거역하고 용감하게도 다른 곳으로 가는 배를 탄다. 그 후 심한 풍랑이 일어나고 배가 심하게 깨지는 위태한 상황에 처하게 된다. 원인을 알고자 제비를 뽑고 보니 요나가 걸렸다. 이때 요나가 배에 있는 사람들에게 한 말이 이렇다.

"……나는 히브리 사람이요 바다와 육지를 지으신 하늘의 하나님 여호와를 경외하는 자로라 하고 자기가 여호와의 얼굴을 피함인 줄을 그들에게 말하였으므로……"(욘 1:9-10).

요나는 틀림없이 그의 하나님이 자기 생각과 모든 말을 아신다는 것을 알 것이다. 또 그가 어디를 간다 해도 하나님을 피할 곳이 없음을 이미 알고 또 그렇게 고백하며 살았을 것이다. 어쩌면 그가 암송도 하고 있었을 시편 말씀이 그것을 말하고 있다.

"여호와여……주께서 내가 앉고 일어섬을 아시고 멀리서도 나의 생각을 밝히 아시오며 나의 모든 길과 내가 눕는 것을 살펴 보셨으므로 나의 모든 행위를 익히 아시오니…… 내가 주의 영을 떠나 어디로 가며 주의 앞에서 어디로 피하리이까 내가 하늘에 올라갈지라도 거기 계시며 스올에 내 자리를 펼지라도 거기 계시니이다 내가 새벽 날개를 치며 바다 끝에 가서 거주할지라도 거기서도 주의 손이 나를 인도하시며 주의 오른손이 나를 붙드시리이다"(시 139:1-10).

그런데 요나는 하나님께 불순종하며 하나님을 피해 어디론가 가겠다고 나선 것이다. 그러면서 자신이 '하나님 여호와를 경외하는 자'라고 한다. 말이 안 되는 낯 뜨거운 고백이 아닐 수 없다.

순종은 내가 하나님을 경외하는 자라는 것을 드러나게 한다. 명령의 옳고 그름이라든지, 그 말씀이 이해가 되는지 아닌지에 따라 순종을 결정하는 것이 아니라, 그 명령을 내리신 분이 하나님이시기에 순종을 결정할 수 있어야 한다. 순종은, 내가 섬기는 하나님을 진정 하나님으로 여기는 것이며 하나님을 참으로 하나님 되시게 한다. 그러니 순종하는 것 없이 어찌 하나님을 예배할 수 있겠는가. 그것이 단지 입술만의 고백이 아니고서야……. 오래전 사무엘이 사울에게 한 이 말은 이 시대의 우리에게도 동일하게 적용될 것이다.

"……주님께서 어느 것을 더 좋아하시겠습니까? 주님의 말씀에 순종하는 것이겠습니까? 아니면, 번제나 화목제를 드리는 것이겠습니까? 잘 들으십시오. 순종이 제사보다 낫고, 말씀을 따르는 것이 숫양의 기름보다 낫습니다"(삼상 15:22, 표준새번역).

하나님은 순종을 기뻐하신다.
순종은 하나님의 기쁨이 된다.
하나님께서 세상을 창조하실 때, "하나님이 이르시되, '……하여라!'"라는 명령으로 하루의 창조가 시작된다. 그 명령 뒤에는 하나님이 말씀하신 대로 "그대로 되었더라"는 말이 이어진다. 모든 창조물은 하나님이 생각하신 그 의도에 맞는 결과물을 그대로 내었다. 하나님의 말씀에 모든 만물이 순종한 것에 대한 결과였다. 그리고 그것은 "하나님이 보시기에 좋았더라"가 되었다. 순종은 하나님이 보시기에 좋은 기쁨이 된다.
창조의 사건은 우리가 창조주께 할 수 있는 가장 근본적이고도 최고의 순종이 무엇인지를 드러낸다. 그것은 '우리가 누구인가' 하는 우리의 정체성에서 발견할 수 있다. 정체성이란 그것을 창조하신 하나님의 의도를 알려 주는 것이기도 하다. 하나님께서 땅으로 하여금 식물을 내도록 했을 때, 땅은 식물을 내고 그 식물을 품는 것이 그의 정체성이며, 이 정체성에 맞게 사는 것이 땅의 가장 근본적이고도 최고의 순종이 된다. 식물은 하나님이 의도하셨던 모양과 색깔과 기능을 가지고 땅에서

서식할 때, 식물이 할 수 있는 최고의 순종이 된다. 그렇다면 사람의 정체성은 무엇인가? 그것은 "우리가 우리의 형상대로 사람을 만들자"고 하신 말씀에서 발견할 수 있다. 곧, 우리의 정체성은 우리가 하나님의 형상으로 사는 것이다.

하나님의 형상이 무엇인지에 대해 신학자들은 고민을 해 왔으며 많은 의견을 내놓았다. 그래도 우리는 여전히 그것이 무엇인지는 알 수 없다. 학자들의 연구 결과가 어떻든, 우리에게 보다 중요한 것은 하나님의 형상이 무엇인가 하는 것보다 하나님의 형상으로 지어졌다는 것이 무엇을 의미하는가이다. 그 의미는 어느 날 바리새인의 질문에 답하시던 예수님의 말씀에서 찾을 수 있다. 바리새인들이 예수님을 시험하려고 "가이사에게 세금을 바치는 것이 옳으니이까 옳지 아니하니이까" 하고 물은 적이 있다. 이때 예수님께서 동전 하나를 보여 달라고 하시면서 이렇게 말씀하신다.

> "……데나리온 하나를 가져왔거늘 예수께서 말씀하시되 이 형상과 이 글이 누구의 것이냐 이르되 가이사의 것이니이다 이에 이르시되 그런즉 가이사의 것은 가이사에게, 하나님의 것은 하나님께 바치라……"(마 22:19-21).

데나리온은 당시 로마에서 사용되던 은 동전이다. 그 동전에는 월계관을 쓰고 있는 가이사(Tiberius Caesar)의 얼굴이 새겨져 있고, 그의 이름과 함께 라틴어로 divus et pontifex maximus(신이요 대제사장)라고 새겨져 있었다고 한다. 동전에 가이사의 얼굴을 새겨 놓음으로 해서, 그 동전은 황제의 것임을 나타내었다. 그리고 그 동전이 통용되는 곳은 어디든지 황제의 주권이 있는 것으로 인식했다.

예수님이 말씀하신 '형상'이라는 말에 사용된 헬라어 단어는, 사람이 하나님의 '형상'으로 만들어졌다고 창세기에서 히브리어로 기록한 말을 헬라어로 표현할 때 사용한 단어와 똑같다. 가이사의 형상이 있는 동전은 가이사의 것이라고 하는 것처럼, 하나님의 형상이 있는 사람은 하나님의 것이라는 의미를 찾을 수 있다. 가이사의 형상이 있는 곳에 가이사의 주권이 있는 것처럼, 하나님께서 하나님 형상으로 만드신 사람의 주권자라는 의미를 발견할 수 있다.

하나님의 형상으로 지어진 우리의 정체성은 '우리가 하나님께만 속해 있는 존재'라는 것이다. 우리는 하나님을 떠나서는 존재하는 의미를 잃어버리고 마는 그런 존재이다. 아무리 훌륭한 철학적인 사고를 통해 사람이 어떠어떠한 존재라는 것을 발견한다 하더라도, 하나님을 떠나서 설명된 인간의 정체성은 오류에 불과하다. 우리에게 있어서 하나님의 자리를 대신할 수 있는 것은 존재하지 않는다. 우리가 우리 형상의 근원

되시는 하나님께만 속해서 하나님만을 섬기고 의지하며 하나님만을 예배하며 사는 것이, 우리에게 주어진 가장 근본적이고도 최고의 순종이 된다. 우리 삶이, 하나님께 속한 자로서 아름다운 삶의 열매들을 만들어 낼 때, 그것은 최고의 순종이 될 것이다. 그런 삶은 "하나님이 보시기에 좋았더라" 하는 삶이라 불릴 수 있다. 하나님이 보시기에 좋은 삶, 그것이 순종하는 예배자가 살아가는 삶이다.

순종하는 예배자

순종은 하나님의 기쁨이 된다. 순종은 또한 우리의 기쁨도 된다. 순종하는 예배자는 하나님의 기쁨을 함께 누리는 자다. 우리가 순종할 때, 하나님의 뜻이 드디어 우리의 눈에 보인다. 우리 앞에 펼쳐진다. 그러므로 순종하는 예배자는, 우리의 순종으로 인하여 보게 된 하나님의 뜻을 기쁨으로 누리는 자다. 우리 자신을 하나님 말씀으로 날마다 조명해 보고, 우리에게 주시는 말씀에 순종하며 사는 것은 참으로 당연하고도 소중한 일이다. 순종은 내 뜻을 이루는 것이 아니라, 하나님의 뜻이 이루어지는 일이다. 그러므로 순종의 결과는 내가 기대하던 것과 같지 않을 수도 있다.

하나님은 예레미야를 통해 유다에게 멸망의 메시지를 전하게 하셨다. 하나님께서 선택한 백성인 이스라엘이 바벨론에게 항복하고 그 땅으로 포로로 잡혀가야 한다는 내용이다. 그래야 살 것이라는 메시지이다. 모두 그 메시지를 듣기 원하지 않았지만 예레미야는 순종하고 전했다. 하나님 말씀에 순종해서 참으로 하기 힘든 일을 했으므로, 그 순종의 결과, 백성이 회개하며 하나님께 돌아오고 무너진 제단이 세워지고 하나님의 이름이 높임을 받고 예레미야도 그들에게 존경을 받게 되었다면 얼마나 좋았을까. 그러나 하나님께 순종한 결과로 예레미야에게 돌아온 것은 부끄러움, 수치, 조롱, 모욕 그리고 죽음의 위험뿐이었다. 사람들에게 박해를 받으며 쌓인 상처로 얼마나 고통스러웠는지 예레미야가 하나님께 이렇게 탄식한다.

"……주님께서는, 흐르다가도 마르고 마르다가도 흐르는 여름철의 시냇물처럼, 도무지 믿을 수 없는 분이 되셨습니다"(렘 15:18, 표준새번역).

하지만 그것을 말하지 않을 수 없었다.

"'이제는 주님을 말하지 않겠다. 다시는 주님의 이름으로 외치지 않겠다' 하고 결심하여 보지만, 그때마다, 주님의 말씀이 나의 심장 속에서 불처럼 타올라 뼛속에까지 타들어 가니……"(렘 20:9, 표준새번역).

너무 속상해서 이제는 순종하지 않겠다고 결심한다. 하나님께서 선포하라고 하신 말씀도 더 이상 말하지 않으려고 한다. 그랬더니 답답해서 견딜 수 없었다고 한다. 하나님의 말씀이 그의 심장에서 타오른다고 한다. 그것이 뼛속까지 타들어간다고 하는 것이다. 그래서 순종의 결과가 자신에게 참을 수 없는 고통을 가져다준다고 하더라도 그의 심장은 이제 또다시 순종하기로 결단한다.

우리는 하나님 앞에서 이렇게 그 심정을 토하며 말할 수 있을 만큼 하나님께 순종해 본 적이 있을까? 하나님을 향한 마음이 심장에 불꽃처럼 타올라서, 하나님에 대한 사랑으로 이렇게 순종해 본 기억이 우리에게 있는지 모르겠다. 오늘 하나님께서는 우리가 무엇을 순종하기 원하시는가? 순종의 결과에 눈을 두지 말고 마음도 두지 말고, 오직 말씀하신 하나님께만 두고 기꺼이 순종하자.

우리가 하나님이 기뻐하시는 예배자로 살기 원한다면, 하나님께 순종해야 하지 않겠는가? 순종하지 않으면서 우리가 어떻게 하나님을 예배한다고 할 수 있을까? 혹, 순종하지 못한 삶을 예배 행위로 대신하려 하는가? 순종하지는 않으면서 아름다운 음악이나, 멋진 목소리, 훌륭한 예물을 가져오려 하는가? 과연 하나님이 그런 것들을 하나님의 마음에 두실까? 그것들을 쳐다보기나 하실까? 그보다는, 비록 정확한 음에 조율되지 못한 악기처럼 틀린 음정과 어긋난 박자로 찬송한다 하더라도, 하나님 말씀에 조율되어 순종하는 삶을 산다면, 하나님께서는 그의 찬송에 귀를 기울이시지 않겠는가? 지금까지 들어보지 못한 가장 아름다운 노래라고 하시며 즐거워하시지 않겠는가?

　하나님은 순종을 원하신다.

　하나님은 순종을 기뻐하신다.

　하나님께 순종하는 사람이 하나님의 마음에 있는 진정한 예배자다.

하나님이 기뻐하시는 참된 예배자 되기

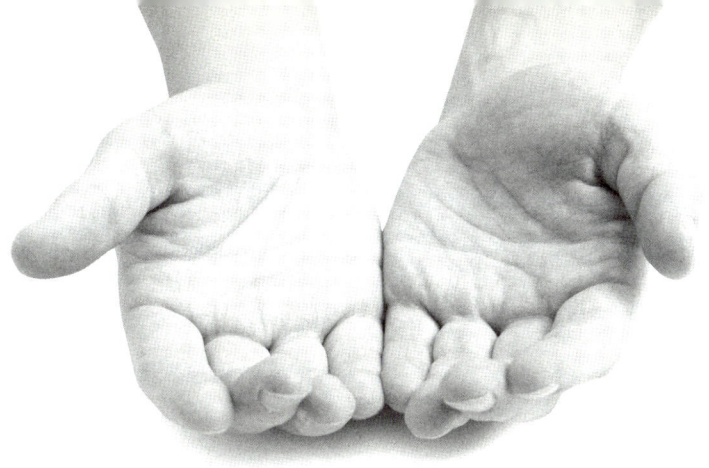

기억

Remembrance

|

예배는 수단이 아니다
예배는 기념하는 것이다
원망하면서 예배할 수 없다

8
예배는 수단이 아니다
✳ ✳ ✳

예배의 목적

우리는 왜 예배하는가? 주일이 되면 우리는 예배하러 교회로 모인다. 그 시간에 예배하는 것 말고도 할 수 있는 일이 많겠지만 그것들을 포기하거나 아예 생각해 볼 가치도 없는 것으로 여기고 예배의 자리로 모인다. 무엇 때문일까? 수요일이나 금요일에도 많은 사람이 열심히 모인다. 무슨 생각을 하며 예배의 자리로 모이는 것일까? 아무 생각 없이 그냥 습관적으로 나오는 사람이 아니라면 무엇인가 목적이 있다. 예배당으로 향하는 우리의 마음에 있는 동기나 기대에는 어떤 것이 있을까?

하나님께서 예레미야를 통해 하신 말씀이, 우리 중 누군가에게도 적용되는 말씀이 아닐지 모르겠다. 하나님께 제사하겠다고 성전에 오는 이스라엘 사람들에게 하나님께서 말씀하셨다.

"보라 너희가 무익한 거짓말을 의존하는도다 너희가 도둑질하며 살인하며 간음하며 거짓 맹세하며 바알에게 분향하며 너희가 알지 못하는 다른 신들을 따르면서 내 이름으로 일컬음을 받는 이 집에 들어와서 내 앞에 서서 말하기를 우리가 구원을 얻었나이다 하느냐 이는 이 모든 가증한 일을 행하려 함이로다"(렘 7:8-10).

이 사람들은 하나님의 말씀을 듣지 않고 하나님이 싫어하시는 온갖 악행과 죄를 지으며 우상을 숭배하며 살고 있으면서, 하나님께 제사하겠다고 성전에 모인 자들이었다. 이들이 성전에 오면서 기대하는 것이 있었다. 그것은 성전에 와 하나님께 제물을 드리기만 하면, 내가 어떻게 살았든 상관없이 모든 것이 괜찮아지리라 하는 기대다. 성전에 와서 제물을 드리고 절하는 그런 의식을 치르고 나면, 벌을 받지도 않고 망하지도 않을 것이라는 기대인 것이다. 이제는 하나님의 심판으로부터 안전할 것이고 모든 일이 잘될 것이라는 생각이다. 그러고 나서 다시 전과 동일한 삶을 살아도 무방하다는 생각이다. 다음에 와서 또 제물을 드리면 되겠지 하면서 말이다. 죄를 진심으로 회개하고 하나님의 백성에 어울리는 삶을 살아야 하지만 하나님께 제물을 드리는 것으로 그런 것들을 대신하겠다는 생각이다. 그들에게 예배는 참 좋은 수단이다. 멋진 마법과도 같은 것이다.

하나님은 이에 대해 "너희가 무익한 거짓말을 의존하는도다"라고 말쓱하신다. 그들이 예배하러 나오는 동기, 즉 예배를 수단으로 여기는 그들의 생각은 그릇되었다는 말이다. 예배 의식은 그들의 의도대로 진행되었겠지만, 그렇다고 그것이 하나님께 예배가 되는 것은 아니었다. 이제는 안전하겠지 하는 생각으로 그 의식을 치르고 있었겠지만, 하나님의 생각은 다르다. 그 제물 드림에 대한 하나님의 반응은 "내 앞에서 너희를 쫓아내리라"이다(렘 7:15).

예배는 무엇을 이루고자 하는 어떤 수단이나 방편으로 사용될 수 없다. 여로보암이 북 이스라엘의 왕이 되었다. 왕이 된 후 그는 제일 먼저 금송아지 둘을 만들었다. 그것을 하나는 벧엘에 두고 다른 하나는 단에 두고는 이것이 애굽에서 이스라엘을 인도해 낸 신이라고 하면서 그곳에서 제사하게 했다. 원래 7월 15일로 정해진 장막절 절기도 자기 마음대로 8월 15일로 바꾸어 정했다. 7월의 장막절에 백성이 르호보암이 다스리는 남 유다의 예루살렘으로 가지 못하도록 하려는 의도였다. 그것을 열왕기는 이렇게 전해 주고 있다.

"여로보암이……그의 마음에 스스로 이르기를 나라가 이제 다윗의 집으로 돌아가리로다 만일 이 백성이 예루살렘에 있는 여호와의 성전에 제사를 드리고자 하여 올라가면 이 백성의 마음이 유다 왕 된 그들의 주 르호보암에게로 돌아가서 나를 죽이고 유다의 왕 르호보암에게로 돌아가리로다 하고 이에 계획하고 두 금송아지를 만들고 무리에게 말하기를 너희가 다시는 예루살렘에 올라갈 것이 없도다……"
(왕상 12:25-28).

여로보암은 왕이 되었으나 두려웠다. 백성이 떠나고 권력을 잃을까 두려웠다. 그래서 백성이 다시 유다 왕에게로 돌아가지 않도록 자신의 권력을 장악하고 보존하기 위한 방법을 모색하다가 떠오른 것이 예배였다. 예배를 잘 이용하면 백성을 자기에게 묶어 둘 수 있을 것 같았다. 그에게 예배는 좋은 도구가 되었다. 그러나 예배가 어떤 일을 위한 도구로 사용된다는 것은 예배의 변질을 의미한다. 예배의 변질은 심각한 죄악으로 연결된다. 바로 우상 숭배다. 여로보암이 예배를 수단으로 사용했을 때, 하나님을 예배하는 일이 우상 숭배로 변질해 버렸다. 온 이스라엘을 우상 숭배의 죄악으로 몰아넣었다. 이것이 얼마나 악한 일인지, 여로보암의 이 행위는 이스라엘 전 역사에서 두고두고 언급된다. 여로보암 이후로 등장하는 왕들 중에 악한 왕들을 평가할 때, 여로보암의 이 일이 기준이 된다. "여호와 보시기에 악을 행하여 이스라엘에게 범죄하게 한 느밧의 아들 여로보암의 죄를 따라가고 거기서 떠나지 아니"한 왕이 악한 왕이다. 예배는 결코 수단으로 변질해서는 안 된다.

예배는 그 자체가 목적이다. 다른 목적을 이루려는 수단으로 전락하지 않도록 해야 한다. 예배에 대한 열심의 이유가 정화수를 떠 놓고 열심히 빌던 사람들의 이유와 같다면 우리의 예배는 수단이 되어 버린 것이다. 복을 받기 위해서든, 사업의 번성을 위해서든, 진학이나 결혼이나 건강을 위해서든, 안전을 위해서든 무엇인가 바라는 것들을 얻기 위해서 예배한다면, 그것은 예배가 수단이 된 것이다. 예배는 우리가 원하는 것을 얻어 내는 수단으로 사용될 수 없다.

Request인가 Response인가

솔로몬이 왕위에 오른 뒤, 그는 하나님 앞에 일천 번제를 드린다. 그가 일천 번제를 드린 동기는 무엇일까? 역대하 1장에서 그의 동기를 찾아볼 수 있다.

> "다윗의 아들 솔로몬의 왕위가 견고하여 가며 그의 하나님 여호와께서 그와 함께하사 심히 창대하게 하시니라"(대하 1:1).

이 말씀이 솔로몬 왕이 일천 번제를 드린 배경이다. 왕위가 견고해졌고 하나님이 그와 함께하셔서 심히 창대하게 된 것, 그것이 그가 하나님을 예배하게 된 배경이다. 솔로몬의 개인적인 문제나, 혹은 국가적인 어떤 문제가 있어서 그것을 해결할 요량으로 일천 개나 되는 제물을 들고 하나님 앞에 나선 것이 아님을 알 수 있다. 오히려 하나님께서 솔로몬이 일천 번제를 마치자 그에게 말씀하신다. "내가 네게 무엇을 주랴 너는 구하라" 이 말씀을 통해서 보면, 솔로몬은 그 엄청난 제물을 드리면서 무엇을 얻을 심산으로 하나님께 구하고 있지 않았음을 충분히 알 수 있다.

그는 하나님께 감사로 응답하며 예배하고 있는 것이다. 솔로몬은 어쩌면, 그를 왕으로 세우시고 견고하게 하신 하나님께 열 개, 백 개, 오백 개, 아니 천 개의 제물을 드리면서까지 감사하고 싶었을 것이다. 이스라엘에게뿐 아니라 솔로몬 자신에게도 오직 하나님만이 참된 왕이시라고 고백하며, 하나님을 의지하면서 헌신과 충성의 마음으로 번제를 드리지 않았을까. 하나님께서 베푸시고 이루어 주신 것을 돌아보면서, 감사함으로 제물을 하나하나 드리지 않았을까. 하나님은 솔로몬의 일천 번제를 기쁘게 받으셨을 것이다. 그러셨기에 그에게 복을 주시기 원하셔서 그를 부르셨고, 그가 원한 대로 지혜와 지식을 주셨을 뿐 아니라 그가 구하지 않은 것까지 넘치게 주셨다.

우리는 솔로몬의 이 유명한 일화를 무리한 도식으로 이해하려는 경향이 있다. 즉, 일천 개의 제물를 드렸더니, 그 결과 하나님께서 복을 주셨다는 도식이다. 그래서 우리도 일천 번제를 드리면, 우리의 문제가 해결되거나, 원하는 것을 들어주시거나, 무엇을 이루어 주시겠지 하는 기대로 무리하게 이 도식을 적용하려 든다. 하나님의 도우심을 구하는 사람들의 간절한 마음이야 충분히 이해할 수 있다. 그러나 이것은 예배하는 올바른 자세가 결코 될 수 없다. 솔로몬의 일천 번제를 우리의 예배에 적용하려고 한다면, 오히려 하나님이 우리에게 행하신 어떤 일이나 베푸신 은혜를 생각하며 그 일로 인해 감사함으로 일백 번째나 일천 번제를 드리면 어떨까. 그것이 하나님께 얼마나 즐거운 예배가 되겠는가. 예배는 무엇을 얻고자 하는 것이 아니다. 그때는 이미 예배가 수단이 되어 버린다. 이미 그것은 예배가 아니다.

예수님께서는, 떡 세 덩이를 구하려 밤중에 친구 집에 찾아가 강청하는 사람의 이야기를 하시면서, 구하고 찾고 두드리라고 하셨다(눅 11:5-13). 또한, 기도할 때, 낙심하지 말고 끈기 있게 인내하며 기도하라고 하셨다(눅 18:1-7). 우리에게 간절한 기도 제목이 있다면, 하나님을 믿는 마음으로 백일기도, 천일기도를 할 수 있다. 절박한 기도의 제목들은 우리로 하여금 그렇게 간절히 기도하게 하는 이유가 된다. 그러나 그것들이 우리가 예배하는 이유가 되지는 않는다. 기도하는 이유가 언제나 예배하는 이유가 되는 것은 아니다. 예배는 무엇을 요청(Request)하는 것이 아니라, 하나님께 응답(Response)하는 것이다. 은혜를 얻기 위해 예배하는 것이 아니라, 은혜를 베푸시는 하나님께 응답하며 예배하는 것이다.

우리는 어떤 모임이든지 그 모임에 찬송이 있거나 기도가 있거나 말씀이 있거나 하면, 그 모임을 모두 '예배'라고 부르기를 좋아한다. 그러다 보니 거의 모든 모임이 예배로 불리게 되고 그것이 결국은 예배에 대한 혼동을 만들었다. 그냥 단순한 모임들이 예배 모임으로 불리기도 하고, 회의와 예배가 합쳐져 버리기도 하고, 전도 집회와 예배가 혼합되기도 하고, 콘서트와 예배가 섞여 버리기도 한다. 그리고 이 모임들을 모두 편하게 예배 모임이라고 부른다. 이것저것 섞어 입맛에 좋게 만들어 놓은 퓨전 요리처럼, 우리가 좋게 여기는 것들, 소위 은혜롭다고 하는 것들을 분별없이 섞어 놓은 예배를 만들어 내기도 한다. 그 예배가 꽤 효과 있는 것처럼 느껴지기도 한다. 그러나 예배는 은혜를 받기 위한 방편도, 무엇을 얻거나 해결하기 위한 수단도 아니다.

예배가 수단이 되면 안 된다는 말이 우리가 하나님을 예배하면서 도무지 무엇을 구할 수도 없다는 것을 뜻하지는 않는다. 예배한다고 하는 것은 하나님만을 섬김을 의미한다. 하나님만을 의지한다고 고백하는 것이다. 하나님이 내 인생과 만물의 주관자시라고 고백하며 찬양하는 것이다. 전능하신 하나님이 나의 힘이요, 나의 위로자요, 나의 모든 것이 되신다고 노래하며 하나님을 높이는 것이다. 그러기에 하나님을 예배할 때, 우리는 내 형편을 아시는 하나님 앞에 서 있는 것이다. 사람이 하나님 없이는 아무것도 할 수 없는 연약한 존재임을 아시는 하나님 앞에 머리를 숙이고 꿇어 엎드리고 있는 것이다. 우리 인생의 모든 것이, 그것이 문제이든 다른 어떤 것이든, 모두 주님 손에 있음을 선언하고 있는 것이다. 하나님께서 행하신 일, 베푸신 일을 감사하며 예배할 때에도, 우리 인생은 이후로도 하나님의 공급하심과 보호하심으로 살아간다고 고백하고 있는 것이다. 그것이 하나님만을 의지하고 섬기며 사는 우리 인생의 모습이다. 하나님을 예배할 때, 우리 삶의 모든 것이 보좌에 계신 하나님 앞에 놓여 있다. 그곳에서 우리는 우리의 문제나 형편이 아니라, 하나님만을 주목한다. 하나님을 인정하며 반응한다. 행하신 일을 통해 드러난 하나님의 성품에 우리의 마음을 두고 우리의 삶이 반응하는 것이다. 그리고 우리는 예배 가운데 만난 하나님으로 인하여, 새로운 시각으로 하나님의 다스림 안에서 우리의 삶을 보게 된다. 우리는 이 사실을 알고 하나님 앞에 서야 한다. 예배의 중심에 우리가 있는 것이 아니다. 하나님이 계신다. 예배의 중심에 우리의 문제나 소원이 있는 것이 아니다. 하나님의 선하신 행하심이 있는 것이다. 그것들이 서로 뒤바뀌면 예배는 수단이 된다.

하나님께서는 예레미야를 통해 유다의 우상 숭배에 대해 엄한 경고를 하셨다. 그런데도 백성은 그 말을 듣지 않겠다고 강력하게 선언한다. 그들이 그렇게 고집하는 이유는 이렇다.

"……우리가 본래 하던 것 곧 우리와 우리 선조와 우리 왕들과 우리 고관들이 유다 성읍들과 예루살렘 거리에서 하던 대로 하늘의 여왕에게 분향하고 그 앞에 전제를 드리리라 그때에는 우리가 먹을 것이 풍부하며 복을 받고 재난을 당하지 아니하였더니 우리가 하늘의 여왕에게 분향하고 그 앞에 전제 드리던 것을 폐한 후부터는 모든 것이 궁핍하고 칼과 기근에 멸망을 당하였느니라……"(렘 44:17-18).

우상들을 섬기고 살 때는 그들의 삶이 넉넉하고 좋았는데 그 일을 멈추고 나니 삶이 파산되었다는 말이다. 그래서 이제는 하나님이 아니라, 다시 우상을 섬겨야겠다는 선언이다. 그들이 누구를 섬길지를 결정하는 요인은 '복이 어디에서 오는가?'였다. 하나님께로부터 온다면 하나님을 섬기며 예배하겠지만, 다른 것으로부터 온다면 그것이 어떤 것이든 그것을 섬기겠다는 것이다. 그들이 하나님을 섬기기로 결정하더라도, 그것은 복을 받기 위한 수단이자 재앙을 만나지 않기 위한 방편일 뿐이었다.

예배를 예배 되게

이와 비슷한 경우로, 우리가 하나님을 예배했을 때 경험하거나 일어난 일들을 기억하며, 그것들을 또다시 얻기 위해 예배의 자리로 나아가는 경우를 생각해 볼 수 있다. 예배의 현장에서 우리는 하나님께서 어떤 일을 행하시는 것을 경험한다. 하나님의 위로와 평안을 경험하기도 하고, 치유를 경험하기도 하고, 믿음이 생기기도 하고, 문제가 해결되기도 하고, 기적을 경험하기도 하고, 메마르고 지친 영혼이 새 힘을 얻기도 한다. 그런 경험으로 인해 전도가 되기도 하고, 교회가 성장하기도 한다. 그러나 그 경험한 일들을 얻기 위해 예배한다면, 그것은 예배가 수단이 되고 마는 것이다. 교회 성장을 위해 예배하고, 치유받기 위해 예배하고, 전도하기 위해 예배하는, 즉 주객이 전도되는 일이 일어난다.

그런 경우에는 소위 '은혜' 받지 못했다고 느끼면, 그 예배를 헛된 일로 여기게 된다. 특히, 설교 시간에 아무런 감동이 없었다고 생각되면, 그날의 예배는 그냥 아무것도 아닌 것으로 여기게 된다. 얻은 것이 없다고 판단하기 때문이다. 그러나 이런 모습이 예배를 대하는 우리의 태도가 되어서는 안 된다. 예배는 우리가 기대하는 그 일들을 위한 수단이 될 수 없다. 기대함이 없이 하나님을 예배하러 나오는 일은 생각할 수 없다. 그 '기대'란, 내가 예배하면 이런 일이 이루어지리라는 기대를 말하는 것이 아니다. 하나님을 만난다는 놀랍고도 설레는 기대감을 말한다.

교회 성장, 가정의 문제 해결, 사업의 번창, 전도, 삶의 변화……. 이런 사안들을 하나님 앞으로 가져온다는 것은 참으로 귀한 일이고 믿음 있는 자만이 할 수 있는 일이다. 예수 그리스도로 힘입어 "우리는 긍휼하심을 받고 때를 따라 돕는 은혜를 얻기 위하여 은혜의 보좌 앞에 담대히 나아갈 것이니라"(히 4:16)는 말씀처럼, 연약한 우리는 이런 일들을 하나님께로 가져와야 한다. 그러나 우리가 예배하는 목적이 이런 일들을 이루기 위한 것이 아님을 기억해야 한다.

예배를 예배 되게 해야 한다. 예배는 우리에게 무엇인가를 자동으로 만들어 가져다주는 기계 장치 같은 도구처럼 사용될 수 없다. 예배는 동전을 넣고 버튼을 누르면 원하는 것을 얻을 수 있는 자동판매기처럼 존재하는 것이 아니다. 예배는 내 뜻을 이루기 위한 수단이 아니다. 교회의 뜻을 이루기 위한 수단도 아니다.

예배를 예배 되게 해야 한다. 그렇지 않으면 예배는 그 본질을 잃고 부패해 버리고 말 것이다. 예배가 부패하면 우리가 아무리 많은 예배를 열정적으로 힘을 다해 하더라도 결국 전혀 예배하지 않은 것과 다름 없다.

하나님을 예배하는 우리의 동기는 무엇인가?

예배는 수단이 아니다. 예배는 목적이다. 예배는 조건이 아니다. 예배는 목적이다. 이것은 하나님이 모세를 통해 애굽 왕에게 선포한 말에서도 나타난다.

"……내 백성을 보내라 그러면 그들이 광야에서 나를 섬길 것이니라……"(출 7:16).

"나를 섬길 것이니라"는 말은 예배를 나타낸다. "내 백성을 보내라"는 말은 구원을 표현한다. 즉, 구원을 얻은 후에 예배하는 것이지, 구원을 얻기 위해 예배하는 것이 아니다. 이것이 베드로를 통해 다시 한번 선포된다.

"……너희는 택하신 족속이요 왕 같은 제사장들이요 거룩한 나라요 그의 소유가 된 백성이니 이는 너희를 어두운 데서 불러내어 그의 기이한 빛에 들어가게 하신 이의 아름다운 덕을 선포하게 하려 하심이라"(벧전 2:9).

예배는 무엇을 얻기 위한 수단이나 조건이 아니라, 이미 얻고 경험한 것에 대한 감사의 응답이며, 어떤 결과보다는 하나님에 대한 반응이다. 우리가 참으로 하나님을 예배하기 원한다면, 예배를 수단으로 사용하지 말아야 한다. 하나님을 예배하는 일을 어떤 일을 위한 수단으로 여기면서 하나님을 진정으로 예배할 수는 없지 않은가.

9
예배는 기념하는 것이다
***

기념비 앞에 서면

광야 생활을 마친 이스라엘 백성은 드디어 요단강을 건너 약속의 땅에 발을 들여놓았다. 하나님께서는, 이들이 요단강을 건넌 후 처음 머무른 땅 길갈에 열두 돌을 가져다 놓게 하셨다. 요단강 가운데서 돌을 가져오게 해서 그 돌들로 기념비를 세우도록 하신 것이다. 왜 기념비를 세우도록 했는지, 여호수아는 그 이유를 이렇게 설명한다.

"……후일에 너희의 자손들이 그들의 아버지에게 묻기를 이 돌들은 무슨 뜻이니이까 하거든 너희는 너희의 자손들에게 알게 하여 이르기를 이스라엘이 마른 땅을 밟고 이 요단을 건넜음이라 너희의 하나님 여호와께서 요단 물을 너희 앞에서 마르게 하사 너희를 건너게 하신 것이 너희의 하나님 여호와께서 우리 앞에 홍해를 말리시고 우리를 건너게 하심과 같았나니 이는 땅의 모든 백성에게 여호와의 손이 강하신 것을 알게 하며 너희가 너희의 하나님 여호와를 항상 경외하게 하려 하심이라 하라"(수 4:21-24).

기념비를 세운 목적은 요단을 건넌 사건을 자손 대대로 기억하게 하려 함에 있다. 이 기념비 앞에 설 때마다 그들은 요단을 직접 건넌 일을 기억할 것이며, 그들 후손은 선조가 건넜었다고 들려준 일을 기억할 것이다. 그리고 그 일을 행하신 분이 전능한 하나님이심을 다시금 깨닫게 되고, 하나님의 이름이 그들을 통해 높임을 받으실 것이다. 그 하나님은 단지 지난날의 하나님이 아니라, 지금도 그 능하신 손으로 우리를 인도하시는 하나님이심을 믿고 힘을 얻을 것이다. 그들의 삶 가운데서도 여전히 하나님이 진정 하나님이시라는 것을 인정하며 찬양하게 될 것이다.

요단을 건넌 그들에게 하나님이 땅을 정복하라고 했다고 해서, 그들 뜻대로 승승장구하며 일이 진행되지는 않을 것이다. 그들은 승리할 때도 있을 것이고 패배할 때도 있을 것이다. 그때마다 그들은 자주자주 길갈로 돌아가야 한다. 승리할 때도, 패배할 때도, 힘이 날 때도, 지칠 때에도 그들은 길갈로 찾아가 거기에 세워진 기념비 앞에 서야 한다. 그 기념비 앞에 서면 그들은 다시금 하나님을 기억한다. 그 하나님을 다시 그들의 마음에 새긴다. 우리 하나님은 '요단강을 마른 땅으로 건너게 하신 하나님' 이심을 마음에 새기고, 요단강을 건넜을 때 기쁨으로 불렀을 그 노래를 부른다. 그리고 하나님이 주시는 새 힘으로 일어선다. 이제는 또다시 하나님의 이름이 그들의 깃발이 되어 하나님의 전능하심과 신실하심을 휘날리며 전진한다.

하나님이 하신 일을 기념하는 것은 그 일을 기념하는 자에게 이처럼 힘과 소망을 주고 하나님을 신뢰하도록 이끄는 유익이 된다. 그뿐만 아니라, 이렇게 기념하는 일을 통해 그들이 '하나님 여호와를 항상 경외하게' 된다. 그 일이 기억되는 곳마다 때마다 하나님의 크신 능력의 이름이 선포되며 하나님이 높이 찬양받으신다. 하나님으로 인하여 일어난 사건을 기념하는 일은, 그의 대적자들에게는 두려움이 될 것이고 그 이름을 믿는 하나님의 백성에게는 하나님을 진정 하나님으로 인정하는 귀한 사건이 될 것이다.

어떤 일을 기념하는 것은 과거의 역사적 사건으로만 그 일을 기억해 내는 것에 머무르지 않는다. 우리의 머릿속에서만 일어나는 일이 아니다. 과거에 일어난 그 사건의 효과(effect)가 지금 우리에게도 여전히 영향력(impact)을 끼치는 일이 된다. 우리도 과거의 그 현장에 같이 있었던 것으로 여기는 것이고 그 일은 곧 우리에게도 일어난 사건이 된다. 그때 그 일을 일으키신 하나님이 우리의 하나님이 되심은 물론이려니와, 그 하나님의 성품이 지금도 여전히 우리의 삶을 주관하고 계신다. 그러므로 그 하나님은 우리보다 앞서 산 사람들의 하나님이실 뿐 아니라, 우리의 찬양을 받으시기에 합당하신 지금 우리의 하나님이 되신다.

하나님께서 행하신 일을 기념할 때 바로 이런 고백과 이런 영향력이 우리에게 생겨난다. 이스라엘 백성이, 하나님께서 그들을 애굽에서 이끌어 내신 일을 기념하면서 특별한 의식을 행하며 유월절을 지킬 때, 실제로 애굽을 떠났던 그들의 조상뿐 아니라 그 사건을 경험치 못한 후손인 그들도 출애굽 사건 현장에 함께 있었던 것으로 여기고, 그때 '우리가' 애굽에서 나왔다고 고백하며, 그 일을 행하신 하나님을 찬양한다.

우리가 하나님께서 행하신 일들을 생각하며 기념할 때 우리는 전능하신 하나님, 자비의 하나님, 은혜의 하나님, 구원자 하나님, 인도자 하나님, 신실하신 하나님을 높이며 찬양하게 된다. 우리를 위해 생명을 내어 주신 것을 기념할 때마다 우리는 우리를 살리신 하나님의 은혜를 높이 찬양하게 된다. 예수님께서 우리로 하여금 그렇게 하도록 명하셨다.

"또 떡을 가져 감사 기도하시고 떼어 그들에게 주시며 이르시되 이것은 너희를 위하여 주는 내 몸이라 너희가 이를 행하여 나를 기념하라 하시고 저녁 먹은 후에 잔도 그와 같이 하여 이르시되 이 잔은 내 피로 세우는 새 언약이니 곧 너희를 위하여 붓는 것이라"(눅 22:19-20).

사도 바울은, 우리가 이것을 행하여 주님을 기념하는 것은, 곧 그리스도의 몸과 피에 참여하는 것이라고 말한다.

> "우리가 축복하는 바 축복의 잔은 그리스도의 피에 참여함이 아니며 우리가 떼는 떡은 그리스도의 몸에 참여함이 아니냐"(고전 10:16).

주님을 기념하며 성찬식을 할 때, 우리는 그리스도의 십자가 사건을 나와는 관계없이 일어난 역사 속 한 사건으로 기억하며 그냥 그 의식을 행하는 것이 아니다. 주님께서 몸을 내주시고 피를 쏟으신 2천 년 전의 그 현장에 우리가 있지 않았지만, 떡을 떼고 잔을 마시며 주님을 기념할 때, 십자가 사건 현장에 우리가 있음을 확인한다.

성찬을 여러 말로 표현한다. 주의 만찬(Lord's Supper)이나 주의 식탁(Lord's Table)이라고도 하고, 감사하는 의미를 담은 유카리스트(Eucharist)라 부르기도 하고, 커뮤니온(Communion)이라고도 한다. Communion은 '참여한다'는 뜻의 라틴어 communico에서 유래한다. 성찬은 주의 돌아가심과 주의 부활에 내가 참여하는 것이다.

떡을 떼고 잔을 받으며 주님을 기념할 때, 우리는 주님께서 살을 찢으시고 피를 흘리시며 이루신 구원의 사건에 참여하는 것이다. "다 이루었다" 하시며 구원의 역사를 이루실 때, 바로 그 구원에 지금의 우리가 함께 참여함을 선언하는 것이다. 그 십자가의 사건은 곧 우리를 위한 사건이 된다. 2천 년 전에 이루신 그 구속의 은혜가 지금 우리에게도 동일하게 역사함으로 인해 우리가 구원을 받았고, 그 피로 이루신 새 언약이 지금 우리의 언약이 되어 우리에게 그 효력을 드러내고 있음을 인정한다. 그뿐만 아니라, 돌아가심에 참여할 때에 우리는 아울러 주님의 부활에도 참여한다. 주님의 부활이 곧 나의 부활이 되는 것을 다시 확인하며 믿음으로 선언한다. 이제 다시 오실 주님과 함께하는 잔치에도 내가 참여하리라는 소망을 갖는 것이다. 그러므로 주님을 기념하며 떡을 떼며 잔을 받을 때, 우리를 살리신 그 주님을 높이며 감사한다. 다시 오실 주님을 기다리며 소망 중에 감사한다. 주는 영원히 나의 하나님이심을 선포하며 찬양한다.

하나님의 은혜 끄집어내기

하나님께서 우리에게 어떤 것을 기념하라고 하신 이유가 무엇인가? 기념하는 일을 통해 하나님은 우리로 하여금 여러 영적인 유익을 얻게 하신다. 우리가 누리는 유익은 참으로 놀랍고 귀하다. 그러나 그것이 하나님께서 우리에게 무엇을 기념하라고 하신 진정한 이유는 아니다. 기념하는 것은 하나님의 은혜를 묵상하는 것이다. 하나님께서 행하신 일 속에서 드러나는 하나님의 성품 하나님의 이름이 잊히지 않고 영원히 높임을 받으시는 것, 그것이 우리가 하나님을 기념하는 이유이다. 하나님의 이름을 찬양하며 예배하는 것, 그것이 우리가 하나님을 기념하는 이유이다.

하나님께서 우리 삶에 함께하시며 행하신 일이 어떤 것들이 있나 생각해 보라. 우리도 옛날의 이스라엘 백성 못지않게 하나님이 행하신 일을 자주 잊어버린다. 오랜 기간 동안 소망하며 힘을 다해 간절히 기도해 오던 일이 이루어진 후에도, 은혜의 기억을 그리 오래 간직하지 못한다. 우리 인생에 일어난 큼직큼직한 사건들조차도 그 기억은 잠깐이고, 감사도 순간이다. 우리 몸 어딘가의 기억이라는 창고에는 저장되어 있겠지만, 큰맘 먹고 꺼내지 않으면, 하나님의 은혜는 기억 창고에 그냥 갇혀 있을 뿐, 우리의 예배에도 우리의 삶에도 아무런 영향을 미치지 못한다.

아주 오랫동안 믿음 생활을 해 오던 사람들도 종종 쉽게 절망한다. 굉장한 믿음을 가진 것처럼 보인 사람이 어떤 상황을 겪으면서 쉽게 좌절해 버린다. 왜 그럴까? 그 이유 중 하나는 이것이다. 그들이 하나님이 아니라 상황을 깊이 묵상하고 있기 때문이다. 상황에 대한 깊은 묵상은 우리로 하여금 우리 삶에 역사하신 하나님에 대한 기억을 희미하게 만든다. 우리는 자주자주 하나님의 은혜에 대한 기억을 끄집어내 묵상하며 감사의 선포를 할 필요가 있다. 그 일은 우리 삶이 언제나 하나님의 은혜 아래 있음을 깨닫게 할 것이다. 다시 묵상 된 하나님의 은혜는 과거의 일로 남아 있는 것이 아니라, 오늘 우리의 일상에서 또 다른 하나님의 은혜들을 발견하게 한다.

하나님의 은혜는 우리의 삶 구석구석에 스며 있다. 우리의 삶은 모두 은혜이다. 평생을 두고 기념할 만한 일들뿐만 아니라, 오늘 내 삶에 일어난 일들 속에서 하나님의 은혜를 찾아내고, 그 은혜를 묵상하는 시간을 갖자. 이것이 하나님을 예배하는 자가 살아가는 법이다. 그 시간은 선하신 하나님을 찬양하며 그 이름을 높이는 소중한 예배의 시간이 될 것이다. 우리 삶에서 발견한 하나님의 은혜와 하나님의 성품을 찬양하며 시편을 써 보자. 이미 쓰여진 시편 150편에 이어 우리의 시편 151편을 써 내려가며, 하나님이 하신 일을 기념하자. 그리고 자주자주 그 시편을 읽으며 감사하고 하나님을 찬양하자. 하나님의 행하심을, 하나님의 은혜를 잊지 않도록 이제 그 일들을 하나하나 기억해 내며, 우리에게 행하신 그 일로 인하여 감사하며, 우리의 찬송시로 하나님을 향하여 끝없는 찬양의 노래를 부르자. 그것이 하나님이 기뻐 받으시는 예배가 될 것이다.

10
원망하면서 예배할 수 없다
* * *

이야기 하나

예수님께서 천국에 대해 말씀하시면서 어떤 포도원 품꾼의 이야기를 하셨다. 이 품꾼은 다행스럽게도 아침 일찍 포도원에 들어가서 일을 할 수 있는 특권을 얻었다. 일을 마치고 나면 한 데나리온을 받기로 했으니 오늘 하루 살 걱정은 안 해도 된다. 일이 힘들어도 기쁨이 가시질 않았을 것이고, 마음과 힘을 다해 일을 하면서도 포도원 주인에게 감사하는 마음을 다 표현하기에는 부족하다고 느꼈을 것이다. 그러나 일을 다 마치고 품삯을 받을 때, 그 마음이 사라져 버리는 일이 발생했다. 저녁 늦게 들어와서 한 시간밖에 일하지 않은 다른 품꾼도 온종일 일한 자기와 똑같이 한 데나리온을 받은 것이다. 감사하고 싶은 마음이 사라졌다. 가슴 속에서 분노가 올라온다. 이제, 이 품꾼은 자신의 신분까지 망각하고 주인에게 따지면서 불평을 늘어놓으며 원망한다.

이야기 둘

이스라엘 백성은 그들이 도저히 생각해 낼 수도 없는 방법으로 홍해를 건넜다. 뒤따르던 애굽 군사들은 그들이 건넌 바닷속에서 전멸되고 이제는 한 사람도 볼 수 없다. 이제 무슨 걱정이 있겠는가? 전능하신 하나님이 그렇게 인도하시는데……. 그래서 기쁨에 겨워 모두 모여 찬송한다.

"……여호와를 찬송하리니 그는 높고 영화로우심이요 말과 그 탄 자를 바다에 던지셨음이로다 여호와는 나의 힘이요 노래시며 나의 구원이시로다…… 여호와는 용사시니 여호와는 그의 이름이시로다 그가 바로의 병거와 그의 군대를 바다에 던지시니 최고의 지휘관들이 홍해에 잠겼고……그들이 돌처럼 깊음 속에 가라앉았도다 여호와여 주의 오른손이 권능으로 영광을 나타내시니이다……주의 콧김에 물이 쌓이되 파도가 언덕같이 일어서고 큰 물이 바다 가운데 엉기니이다…… 여호와여 신 중에 주와 같은 자가 누구니이까 주와 같이 거룩함으로 영광스러우며 찬송할 만한 위엄이 있으며 기이한 일을 행하는 자가 누구니이까"(출 15:1-11).

이것이 성경에 처음으로 기록된 찬양이다. 찬양의 내용이 아주 구체적이다. 우리의 찬양도 이래야 한다. 구석구석 그렇게 찬양할 일이 많다. 하나하나 생각해 볼수록 참으로 신기하기도 했고 모든 일이 다 감사할 일이었다. 모세와 미리암의 찬송에 백성은 큰 소리로 '아멘' 하며 화답했을 것이다. 아마도 계시록을 쓴 요한이 들었던 많은 물소리와도 같은 그런 함성이 아니었을까? 그 후 사흘이 지났다. 광야에서 마실 물이 없다. 그러니 그 누군들 기분이 좋겠는가? 그래서 그들은 원망한다. 그 원망의 소리는 하늘에 울린다.

이야기 셋

광야를 지나고 있다. 지금 먹고 있는 놀라운 만나가 이제는 지겨워지기 시작한다. 고기가 먹고 싶은데 고기가 없다. 애굽에는 고기뿐만 아니라 이것저것 먹을 것이 많았는데 여기는 만나 밖에 없다. 만나를 처음 봤을 때는, "이게 뭐냐" 하고 놀라며 감탄했었는데 이제는 "이게 뭐냐" 하는 불만의 목소리가 터져 나온다. 그래서 그 경이롭기만 하던 만나를 이제는 '하찮은 음식'이라고 부를 수밖에 없다(민 21:5). 만나가 이제는 싫다. 아침에 일어나서 만나를 걷으러 가고 싶지도 않다. 차라리 굶는 게 낫다는 생각도 든다. 그러니 이제 그 누군들 감사가 나오겠는가? 우리는 광야 생활을 하던 이스라엘 백성을 향해 "우리 같으면 그렇게 안 했을 텐데" 하면서 쉽게 그들을 판단해 버린다. 그 정도로 하나님의 능력을 경험하고 만나를 먹는 신기한 일들을 경험했으면서 어쩌면 그리 믿음 없이 어리석게 살았는지 모르겠다고도 생각한다. 우리 같으면 그들처럼 불평하지 않고 믿음으로 잘 이겨냈을 텐데 하고 말들을 하지만, 그들에 비하면 지나치게 호화롭다고 여길 만한 생활을 하면서도 아주 작은 일, 조금 불편한 일, 조금 더딘 일에도 하루에도 수없이 불평하고 그로 인해 극단적인 행동도 불사하는 우리의 모습을 생각해 보면, 그리 쉽게 그들을 판단할 일은 아닌 듯하다. 이스라엘 백성이 하나님의 약속을 믿고 나선 지 오랜 시간이 흘렀다. 버스나 비행기를 대절해서 이동하고 있는 것도 아니다. 광야 체험도 하루 이틀이지, 셀 수 없는 날이 지났다. 불편한 게 한둘이 아니고 고생이 이만저만이 아니다. 이럴 줄 알았으면 차라리 따라나서지 않고 애굽에서 그냥 종으로 사는 게 더 나았겠다고 생각할 만하다. 황량한 광야에서 만나만 먹고 사는 자신의 처지를 생각하니 그들은 너무 서러웠다. 그래서 울고 또 울면서 원망의 말을 쏟아낸다.

위의 세 이야기에는 공통점이 있다. 모두 '원망'으로 끝난다. 품꾼의 원망에 대해 포도원 주인은 "내가 선을 베푸는 것을 가지고 나를 악하게 보느냐 네 것이나 가지고 가라"고 말한다. 하나님께서는 이스라엘의 원망에 대해 어떻게 생각하셨을까? 민수기는 이렇게 기록하고 있다.

"……이는 너희가 너희 중에 계시는 여호와를 멸시하고 그 앞에서 울며 이르기를 우리가 어찌하여 애굽에서 나왔던가 함이라……"
(민 11:20).

하나님은 그들이 원망하는 것을 단순한 일로 여기지 않으셨다. 하나님을 멸시하는 것으로 여기셨다. 원망은, 하나님을 하나님으로 여기지 않는 멸시가 되고 경멸의 행위가 된다. 이런 일들에 대해 시편이 무엇이라고 말하는지 보자.

"그들이……여호와께서 행하신 것과 그들에게 보이신 그의 기이한 일을 잊었도다 옛적에 하나님이 애굽 땅 소안 들에서 기이한 일을 그들의 조상들의 목전에서 행하셨으되 그가 바다를 갈라 물을 무더기같이 서게 하시고 그들을 지나가게 하셨으며 낮에는 구름으로, 밤에는 불빛으로 인도하셨으며 광야에서 반석을 쪼개시고 매우 깊은 곳에서 나오는 물처럼 흡족하게 마시게 하셨으며 또 바위에서 시내를 내사 물이 강같이 흐르게 하셨으나 그들은 계속해서 하나님께 범죄하여 메마른 땅에서 지존자를 배반하였도다 그들이 그들의 탐욕대로 음식을 구하여 그들의 심중에 하나님을 시험하였으며 그뿐 아니라 하나님을 대적하여 말하기를 하나님이 광야에서 식탁을 베푸실 수 있으랴 보라 그가 반석을 쳐서 물을 내시니 시내가 넘쳤으나 그가 능히 떡도 주시며 자기 백성을 위하여 고기도 예비하시랴 하였도다 그러므로 여호와께서 들고 노하셨으며 야곱에게 불같이 노하셨고 또한 이스라엘에게 진노가 불타 올랐으니 이는 하나님을 믿지 아니하며 그의 구원을 의지하지 아니한 때문이로다 그러나 그가 위의 궁창을 명령하시며 하늘 문을 여시고 그들에게 만나를 비같이 내려 먹이시며 하늘 양식을 그들에게 주셨나니 사람이 힘센 자의 떡을 먹었으며 그가 음식을 그들에게 충족히 주셨도다 그가 동풍을 하늘에서 일게 하시며 그의 권능으로 남풍을 인도하시고 먼지처럼 많은 고기를 비같이 내리시고 나는 새를 바다의 모래같이 내리셨도다 그가 그것들을 그들의 진중에 떨어지게 하사 그들의 거처에 두르셨으므로 그들이 먹고 심히 배불렀나니 하나님이 그들의 원대로 그들에게 주셨도다 그러나 그들이 그들의 욕심을 버리지 아니하여 그들의 먹을 것이 아직 그들의 입에 있을 때에 하나님이 그들에게 노염을 나타내사 그들 중 강한 자를 죽이시며 이스라엘의 청년을 쳐 엎드러뜨리셨도다 이러함에도 그들은 여전히 범죄하여 그의 기이한 일들을 믿지 아니하였으므로 하나님이 그들의 날들을 헛되이 보내게 하시며 그들의 햇수를 두려움으로 보내게 하셨도다"(시 78:10-33).

원망하는 것은 지존자를 배반하는 것이라고 한다. 이것은 하나님을 시험하는 것이고 하나님을 대적하는 것이라고 한다. 하나님을 믿지 아니하는 것이라고 단호하게 말하고 있다.

잊어서는 안 되는 것

결국은 하나님을 멸시하는 행위가 되고 마는 이 '원망'은 도대체 왜 생겨나는 것일까? 위의 세 이야기에서 동일한 이유를 찾을 수 있다.

그것은 은혜의 망각이다.

그들은 모두 '은혜'를 잊었다.

위의 시편이 이렇게 시작하지 않는가. "그들이…… 여호와께서 행하신 것과 그들에게 보이신 그의 기이한 일을 잊었도다" 그들이 은혜를 잊을 때 그와 동시에, 하나님은 신실하시고, 전능한 주권자이시고, 선한 분이시라는 것도 함께 잊어버렸다. 은혜가 잊힌 곳에서는 감사를 기대할 수 없다. 그들이 은혜의 기억을 잃을 때 그들의 믿음의 눈도 시력을 잃어버렸다. 이제는 어느 것도 믿음의 눈으로 볼 수 없다. 은혜가 잊힌 곳에서는 원망이 지배한다. 이제는 그 누구도 하나님을 예배할 수 없다. 우리의 간구, 감사, 찬양의 소리가 하나님의 귀에 들리듯이, 우리가 쏟아 내는 원망의 소리도 하나님의 귀에 들리는 우리의 고백이 되어 버린다. 원망의 고백이다.

"나를 원망하는 이 악한 회중에게 내가 어느 때까지 참으랴 이스라엘 자손이 나를 향하여 원망하는 바 그 원망하는 말을 내가 들었노라 그들에게 이르기를 여호와의 말씀에 내 삶을 두고 맹세하노라 너희 말이 내 귀에 들린 대로 내가 너희에게 행하리니"(민 14:27-28).

하나님을 원망하면서, 아울러 그 하나님을 예배하는 일이 가능할까? 하나님을 멸시하면서, 동시에 그 하나님을 찬양할 수 있을까? 하나님을 멸시하는 예배자가 있을 수 있을까? 하나님을 대적하면서 하나님을 예배할 수 있을까?

하나님을 원망하는 예배자란 없다.

우리의 삶을 돌아보자. 은혜의 기억을 회복하고 잃어버린 믿음의 시력을 다시 찾으면, 우리 삶 구석구석에 하나님의 은혜가 보이기 시작한다. 주의 은혜가 아니면 우리는 아무것도 아니다. 사도 바울처럼, "내가 나 된 것은 하나님의 은혜로 된 것이니"(고전 15:10)라고 고백할 수밖에 없는 것이 우리의 삶 아닌가? 우리가 오늘 살아 있는 것이 하나님의 은혜이다. 우리가 지금 호흡할 수 있는 것도 하나님의 은혜이다. 우리는 너무 자주 그걸 잊고 산다.

오래전 감사절에, 당시 어린 아이였던 두 아이에게 종이를 건네주고 감사할 것이 무엇이 있는지 써 보라고 했다. 백 가지를 써 보라고 했다. 두 아이는 난감해했다. 두어 개를 쓰고 나니 더 이상 쓸 것이 없단다. 그러나 아이들은 시간이 흐르면서 자신들의 삶 구석구석에서 감사할 것들을 발견하기 시작했다. 아이들의 감사 노트에는 당연하다고 생각되는 모든 일에 대한 감사 제목들이 넘쳐나고 있었다. 백 가지로 제한하지 않았다면, 아마도 계속 써 내려갔을 것이다. 불평은 통제하지 않으면 저절로 튀어나오기 쉽지만, 감사는 의도하지 않으면 무심코 지나쳐 버리기 쉽다. 할 일의 목록(to-do list)을 작성하듯이 감사할 일의 목록(to-thank list)을 작성해서, 날마다 감사하는 일에 익숙해지도록 하자.

하나님의 은혜를 기억하자. 광야를 지나던 이스라엘 백성이, 은혜를 잊어버리고 원망하는 삶을 반복하며 산 것을 본받지 말자. 불평은, 이스라엘에게서 광야를 이겨내며 약속의 땅에 들어갈 힘과 자격조차 빼앗아 갔다. 인생을 살아가는 힘은 불평이 아니라 감사에서 나온다. 감사는 하나님과 하나님의 선하심에 그 뿌리를 두고 있기 때문에, 나의 인생과 다른 사람들의 인생에 선한 영향을 끼친다.

하나님의 은혜를 기억하자. 우리의 삶이 고난으로 둘러쳐 있을 때, 더욱 하나님의 은혜를 기억하자. 그 은혜의 기억으로 하나님을 찬양하자. 고난이 끝난 뒤 멀리서 그 고난의 흔적들을 돌아볼 때, 얼굴이 뜨뜻해지는 부끄러운 기억이 되지 않게 하자. 지금 광야를 지나고 있는가? 그렇다면 하나님을 향한 원망과 불만의 소리 대신, 하나님의 선하심에 우리의 마음을 쏟아 놓자. 그리고 그 광야에서 하나님을 노래하자. 그 소리가 하나님의 귀에 더욱 아름답게, 참으로 아름답게 들리는 노래가 되지 않겠는가?

은혜를 잊은 예배자란 없다. 원망하는 예배자란 없다.

하나님의 마음에 그런 예배자는 없다.

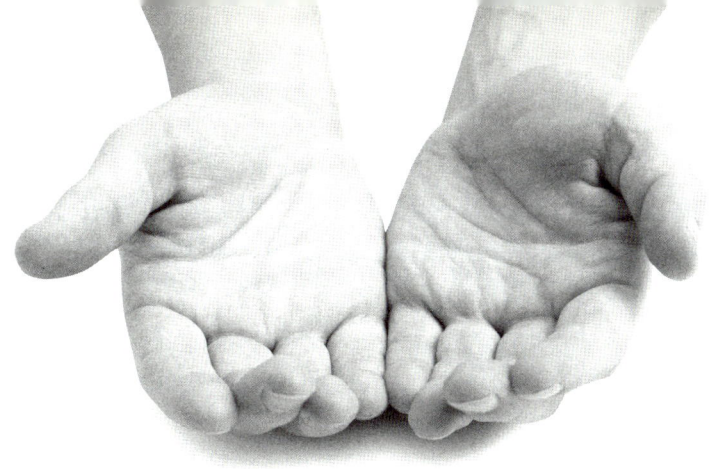

거룩함

Holiness

거룩한 산 제물을 원하신다

11
거룩한 산 제물을 원하신다
***

삶의 작은 부분에서도

하나님을 잘 섬기며 열심히 신앙생활 하겠다는 결심이 서면, 보통 성경을 읽겠다고 마음먹는다. 굳은 의지로 창세기부터 읽어 나가지만 출애굽기를 지나 레위기에 이르면 그때는 많은 인내심이 요구된다. 우리가 사는 이 시대와 별 관련이 없어 보이는 내용이 가득 차 있어서 지루하게 느끼기에 충분하다. 이스라엘의 제사에 관한 내용을 담고 있다고 해서, 예배에 관심을 가진 사람들이 마음을 기울이며 레위기를 읽어 보지만 이때도 끝까지 인내하기가 그리 쉽지는 않다. 레위기에서 이 시대의 우리 예배에 적용할 무슨 방법을 찾겠다는 마음으로 접근하면, 우리는 금방 실망하게 될 뿐 아니라 레위기 전체를 통해 드러내시는 하나님의 마음을 놓치기 쉽다.

그 하나님의 마음은 레위기 전체의 주제가 된다. 그것은 하나님께서 우리에게 바라시고, 또한 요구하시는 것이다. 하나님을 예배하는 자에게 없어서는 안 되는 것이다.

그것은 '거룩함'이다.

하나님은 우리가 거룩하기를 원하신다. 우리의 거룩함을 요구하신다.

레위기에는, 당시 이스라엘 백성에게서 일어나는 일들을 아주 구체적이고도 섬세하게 파헤치면서, 그 일들을 어떻게 해결하며, 어떻게 더럽고 부정한 것을 없앰으로 깨끗하게 될 것인가를 규정하고 있다. 오늘날의 우리와는 별 상관 없어 보이고 더구나 적용할 만한 것도 없어 보이는 그 자세한 규정들 속에서 우리는 무엇을 발견할 수 있는가? 그것은 하나님의 백성이 삶의 아주 작은 부분에서도 거룩하기 원하시는 하나님의 마음이다. 그 거룩함은, 이스라엘 백성의 삶이나 그들의 제사에서뿐만 아니라, 지금 우리의 삶을 하나님이 기뻐하시는 제물로 드리는 데 있어서도 아주 중요하다. 그것을 사도 바울은 이렇게 선언한다.

"⋯⋯내가 하나님의 모든 자비하심으로 너희를 권하노니 너희 몸을 하나님이 기뻐하시는 거룩한 산 제물로 드리라 이는 너희가 드릴 영적 예배니라"(롬 12:1).

바울은 그의 모든 서신에서 '영적'이라는 뜻을 표현할 때, 언제나 한 단어만 사용한다. 그것은 프뉴마티코스(πνευματικὸς)라는 헬라어인데, 이 말은 '영적'(spiritual)이라는 뜻이다. 한글 성경에서는 모두 '신령한'이라는 말로 쓰고 있다. 바울의 서신서에서 나오는 '신령한 은사' '신령한 노래' '신령한 것' '신령한 음료' '신령한 식물' '신령한 자' '신령한 복' 같은 말들이 여기에 해당하는데, 이 '신령한'이라는 말은 모두 '영적인'이라는 뜻으로 이해하면 된다. 그런데 로마서 12장 1절에 있는 '영적 예배'라는 말에서는, 바울이 전혀 다른 헬라어 단어를 사용하고 있다. 로기코스(λογικὸς)라는 헬라어인데, 바울은 그의 모든 서신서에서 이곳에서만 딱 한 번 이 단어를 사용한다. 이 단어는 물론 '영적'이라는 뜻도 포함하기는 하지만, '이치에 맞는, 타당한, 합당한, 마땅한'(logical, reasonable, rational)이라는 의미가 있다. 만약 사도 바울이 '영적인' 예배라는 표현을 하려 했다면, 로기코스라는 단어가 아니라, 앞서 언급한 프뉴마티코스라는 단어를 사용했을 것이다. 그러므로 프뉴마티코스가 아닌 로기코스라는 말을 사용한 로마서 12장 1절의 '영적 예배'라는 말은 다르게 표현해 보면, '합당한(또는 마땅한) 예배'가 된다. 4세기에 번역한 라틴 불가타(Vulgate) 성경, 그리고 영어 성경 킹 제임스(King James) 버전을 비롯한 여러 성경 번역본들도(표준새번역도) '합당한 예배'로 번역하고 있고, 그렇지 않은 경우에는 각주를 달아서 그렇게 번역할 수 있음을 알려 주고 있다.

그러므로 이런 의미를 포함하도록 이 말씀을 달리 표현해 보면, "너희

몸을 하나님이 기뻐하시는 거룩한 산 제물로 드리라 이는 너희가 드릴 합당한 예배니라"로 읽을 수 있다. 즉, 하나님을 예배한다고 할 때, 우리 몸을 하나님이 기뻐하시는 거룩한 산 제물로 드리는 일은, 그렇게 해도 되고 안 해도 되는 선택 사항이 아니라, 반드시 그렇게 해야 함이 합당하고 필수적이라는 것을 말하고 있다. 하나님을 예배하려면 우리 삶을 하나님이 기뻐하시는 거룩한 산 제물로 드려야 한다는 말이다

하나님께 드리는 제물에는 거룩함이 요구된다. 과거에도 그랬고 지금도 그렇다.

'거룩함'이 무엇인가?

'거룩하다'는 말은 우리에게 '죄 없음'을 떠오르게 한다. 깨끗하고 순결한 것을 생각하게 한다. 거룩함은 물론 그런 상태를 포함하지만 그것은 부분적인 모습일 뿐이다. 그러므로 거룩함의 의미를 '죄 없음, 깨끗함, 순결함'으로 제한해 두면, 우리는 결코 하나님께서 부르신 참된 거룩한 자로 살지 못한다. 진정한 거룩함을 이루지 못한다. 성경에서 거룩함이라는 말은 여러 의미를 품고 있다. 거룩함은 우리의 언어로 섣불리 설명할 수 있는 단어가 아니라고들 한다. 거룩함이 하나님을 표현하는 말로도 사용되기 때문에, 하나님을 온전히 이해할 수 없는 인간으로서는 완전히 이해도 할 수 없고, 충분히 설명해 낼 수도 없는 말이라는 뜻이리라.

하나님의 거룩하심

이스라엘 백성이 모세와 아론의 리더십에 불만을 품고 대항하다가 많은 사람이 생명을 잃은 일이 있었다(민 16). 그 후, 가데스에서 이번에는 물이 없다고 또다시 모세와 다투었다. 백성은 지난번에 다른 사람들이 목숨을 잃었을 때, 자신들도 차라리 같이 죽었으면 좋았겠다고까지 말하면서 불평한다. 이에, 하나님은 모세에게 사람들을 모아 놓고 지팡이를 가지고 반석에게 물을 내라 명령하라고 하셨다. 모세가 백성을 모은 후, "우리가 너희를 위하여 이 반석에서 물을 내랴 하고 그의 손을 들어 그의 지팡이로 반석을 두 번" 치자 물이 솟아 나왔다. 그런데 이 사건을 두고 하나님은 모세에게 엄히 말씀하신다.

"……너희가 나를 믿지 아니하고 이스라엘 자손의 목전에서 내 거룩함을 나타내지 아니한 고로 너희는 이 회중을 내가 그들에게 준 땅으로 인도하여 들이지 못하리라……"(민 20:12).

반석에게 물을 내라 명령하라는 하나님의 말씀에 모세는 순종했다. 그러나 동시에 그는 불순종했다. 모세의 행동은 그냥 지나칠 만한 보통의 일이 아니었다. 그가 약속의 땅을 밟지 못하게 되는 엄청난 일을 초래하고 말았다. 그 이유는 모세의 행위가 하나님의 '거룩함'을 나타내지 않았다는 데 있다. 하나님이 말씀하시는 '내 거룩함'이라는 말은 하나님의 죄 없음, 깨끗함을 말하는 것이 아니다. 보다 근본적이고 본질적인 것이다. 모세가 하나님의 거룩함을 나타내지 않았다는 말은, 반석에서 물을 내는 일에 있어서 하나님을 나타내지 않고 마치 자신의 능력으로 한 것처럼 말하고 행동함으로써 자신을 나타냈다는 말이다. 모세는 "우리가…… 물을 내랴" 하면서 지팡이로 반석을 내리쳤다. 그것도 두 번씩이나. 반석에서 물이 터져 나오는 모습은 온 회중이 환호할 만한 놀랍고도 멋진 장관이었을 것이다. 목숨을 잃을 것도 같은 갈증 가운데, 반석에서 물이 솟구치게 하는 모세의 모습은 어쩌면 그들에게 하나님처럼 보였을 수도 있다. 모세는 하나님이 나타나야 할 자리에 자기 자신을 나타냈다. 그것을 가리켜서 하나님은 모세가 "내 거룩함을 나타내지 아니한 고로"라고 말씀하신다. 이 말씀을 통해 보면, '거룩함'은 하나님 자신을 나타내는 말이다.

'거룩하다'는 말의 히브리어나 헬라어는 '구별하다'는 뜻을 가지고 있다. 하나님이 거룩하시다는 말을 이 의미로 이해하면, 하나님은 다른 어떤 존재와도 구별되는 분이심을 나타낸다. 피조물과는 완전히 다른 존재라는 의미를 갖는다. 우리의 사고를 가지고 그려 볼 수 있는 존재를 넘어선다. 하나님과 같은 존재는 없다는 말이다. 그 어떤 것과도 비교한다는 것이 어울리지 않는다. 하나님은 어떤 존재와 비교해서 더 크시다거나, 더 강하시다거나, 더 선하시다거나 하는 비교급으로 기술될 수 있는 그런 존재가 아니다. 하나님께서 이사야를 통해 말씀하신다.

"너희가 나를 누구에게 비기며 누구와 짝하며 누구와 비교하여 서로 같다 하겠느냐"(사 46:5).

한나의 입술을 통해 나오는 고백이 그에 답하는 듯하다.

"주님과 같으신 분은 없습니다. 주님처럼 거룩하신 분은 없습니다……"(삼상 2:2, 표준새번역).

하나님 앞에서는 그 어떤 존재일지라도 그저 아무것도 아니다. 그러므로 우리가 "거룩, 거룩, 거룩, 전능하신 주님 천지 만물 모두 주를 찬송합니다" 하고 찬양할 때, 우리는, "하나님은 우리와는 완전히 다른 존재이십니다. 하나님은 우리의 생각을 넘어서는 창조주이시며 우리는 피조물에 불과합니다. 하나님 앞에서 우리는 아무것도 아닙니다. 하나님을 찬양합니다" 하고 고백하며 그 앞에서 경배하는 것이다.

그래서 신학자들은, 거룩함이 하나님의 한 속성을 나타낸다기보다 하나님의 모든 속성을 포함하고 있는 본성을 나타내는 말이라고 한다. 하나님의 거룩하심은 하나님의 여러 속성으로 우리에게 나타난다. 반석에서 물을 내는 것처럼 전능하심으로, 또는 죄에 대항하심으로, 의로우심으로, 긍휼히 여기심으로, 사랑하심으로, 선하심으로, 도우심으로, 신실하심 등 여러 모습으로 우리에게 나타난다. 우리는 하나님의 거룩하심을 어떻게 경험하느냐에 따라, 각각 다르게 반응한다. 하나님의 거룩하심을 경험할 때 우리는 두려움으로 떤다. 경외하게 된다. 죄를 깨닫고 통회한다. 안전함을 느낀다. 힘을 얻는다. 그리고 기뻐한다.

하나님 아닌 다른 것들에 거룩하다는 말을 사용할 때에는, 그 존재가 하나님과 관련되어 있거나, 하나님께 속해 있거나, 하나님을 위한 것이라는 의미를 갖는다. 하나님을 섬기는 제사장들이 거룩하고 그들이 입는 옷도 거룩하다. 하나님의 전이 거룩하고 그 안에 있는 모든 기구가 거룩하다. 하나님의 임재가 있는 곳은 그곳이 땅에 있는 곳이든, 하늘에 있는 곳이든, 혹은 우리의 마음이든 거룩한 처소로 불린다. 모세가 하나님을 만난 곳은 그저 평범한 산이었다. 그러나 그곳에 하나님의 임재가 있을 때, 그곳은 신을 벗어야 하는 거룩한 곳이 되었다. 시온산은 거룩한 산이 되고 예루살렘성은 거룩한 성이 된다. 하나님과 함께하는 시간은 거룩한 시간이다. 그러므로 지금 고난의 시간을 지난다 해도, 하나님의 다스림 안에 있는 고난이라면 거룩한 고난이라 불릴 수 있다. 오랜 시간 동안 하나님의 응답을 기다리고 있다 해도, 그 기다림이 하나님의 섭리 안에 있을 때 그것은 거룩한 기다림이라 불릴 수 있다. 하나님의 은혜를 기억하는 절기는 거룩한 절기이다. 하나님의 이름으로 모이는 모임은 거룩한 모임, 곧 성회라고 부른다. 하나님의 말씀은 거룩한 말씀이요, 하나님이 세우신 언약은 거룩한 언약이다. 하나님께 소유된 백성은 거룩한 백성이요, 예수 그리스도로 인하여 구원받은 우리는 거룩한 무리, 즉 성도이다. 이 모든 것이 거룩하게 되는 것은 그것들에 있는 어떤 자격이나 공적에 있지 않다. 오직 하나님과 관련되기 때문에 거룩한 것이 된다. 미국 링컨 대통령의 연설의 한 구절, "of the people, by the people, for the people"(국민의, 국민에 의한, 국민을 위한)을 빌려 표현해 보면, 어떤 존재가 "of God, by God, for God"(하나님의, 하나님에 의한, 하나님을 위한)이 될 때, 그 존재는 거룩한 존재라 불린다.

하나님의 사람에게 주어진 특권

거룩함은 하나님께로부터 온다. 무엇을 거룩하게 하는 분은 하나님이시다. 하나님이 선언하시거나 하나님에 의해 터치될 때, 그것은 무엇이든지 거룩하게 구별된다. 바로 우리가 그렇다. 우리의 거룩함은 하나님으로부터 온다. 우리가 무엇을 행함으로 인해 거룩해지는 것이 아니라, 하나님이 우리를 거룩하게 하신다. 예수 그리스도의 십자가로 인하여 우리를 거룩하게 하신다.

"……예수 그리스도의 몸을 단번에 드리심으로 말미암아 우리가 거룩함을 얻었노라"(히 10:10).

"……주 예수 그리스도의 이름과 우리 하나님의 성령 안에서 씻음과 거룩함과 의롭다 하심을 받았느니라"(고전 6:11).

우리의 거룩함은 예수 그리스도를 믿음으로(행 26:18), 그리고 성령의 거룩하게 하심으로(살후 2:13) 인해 얻게 된다. 우리의 거룩함의 근원은 우리가 아니라 하나님께 있다.

그런데 하나님은 우리에게 말씀하신다.

"거룩하라."

거룩해지기 위해 우리 자신이 할 수 있는 것은 아무것도 없는데도, 하나님은 말씀하신다.

"거룩하라."

우리는 이 말씀을 대하면서, 예수님께서 우리에게 세상에 짠맛을 내도록 하기 위해 우리를 먼저 소금이라고 부르신 것을 기억할 필요가 있다. 세상을 향해 빛을 비추라고 명령하실 때, 먼저 우리를 빛이라고 부르신 것을 기억할 필요가 있다. 그렇다. "거룩하라"고 하시는 하나님은 우리를 먼저 거룩한 신분으로 부르셨다. 거룩한 자라는 신분을 얻기 위해 우리의 삶의 행위는 아무 역할을 못하지만, 하나님이 우리에게 주신 거룩한 신분이 우리의 삶에서 드러날 수 있도록 행실에 있어서 거룩한 삶을 요구하시는 것이, "거룩하라"는 하나님의 말씀이다.

거룩하라는 하나님의 말씀은 엄한 명령이다. 어떤 특별한 무리가 아니라, 하나님께 속한 사람이라면 누구에게나 주어진 당연한 요청이다.

우리 모두가 부담을 갖는 의무로 여기기도 한다. 그러나 그 이전에, 거룩함은 우리에게 주어진 특권으로 이해해야 한다.

하나님은 우리에게 거룩하라고 명하실 때 그 이유를 이렇게 말씀하신다.

"내가 거룩하니 너희도 거룩하라."

우리에게 거룩함이 요구되는 이유는 그 무엇보다도 '내가 거룩하니'에 있다. 하나님이 거룩하시기 때문에, 우리가 하나님의 소유된 자로서 하나님과 연합하고 교제하기 위해서는 우리의 거룩함을 요구하신다는 말이겠다. 즉, 거룩함은 하나님의 사람에게만 주어지는 특권이다.

"너희는 나에게 거룩할지어다 이는 나 여호와가 거룩하고 내가 또 너희를 나의 소유를 삼으려고 너희를 만민 중에서 구별하였음이니라" (레 20:26).

그러므로 "거룩하라"는 하나님의 말씀은 우리와 친밀한 관계 속에서 함께하기 원하시는 하나님의 초청이 아니겠는가. 그것도 예수 그리스도의 생명을 내어 놓으심으로 우리를 부르시는 초청. 그런데 우리가 어찌 거룩함을 위해 생명을 건 힘을 쏟지 않을 수 있겠는가. 그렇게 하지 않고, 우리가 어찌 하나님을 사랑한다 하며 어찌 하나님을 찬양하며 예배한다고 두 손을 들 수 있겠는가.

거룩함이 늘 우리의 삶을 주장하도록 해야 한다. 거룩함이 우리 삶의 모든 부분에 스며 있게 해야 한다. 거룩함이 우리 삶에서 행하는 모든 것에 가치를 결정하게 해야 한다. 거룩함이 우리 삶의 모든 부분에서 영향력을 끼치도록 해야 한다.

요한복음 4장은, 예수님께서 사마리아 땅의 우물가에서 한 여인을 만나신 일을 기록하고 있다. 예수님께서 사마리아 여인과 대화를 마치셨을 때, 음식을 사러 갔던 제자들이 돌아왔다. 사 온 음식을 잡수시라고 하자, 예수님은, "나의 양식은 나를 보내신 이의 뜻을 행하며 그의 일을 온전히 이루는 이것이니라"고 대답하신다(요 4:34). 양식은 우리가 사는 날 동안 매일 먹는 것이다. 그 양식의 영향력이 언제나 우리 몸의 모든 부분에 스며 있어서 우리가 호흡하며 살도록 만든다. 예수님께서, 하나님의 뜻을 행해서 그 일을 온전히 이루는 것이 양식이라 말씀하셨을 때, 그렇게 사는 것이 우리가 매일 해야 하는 것이며, 또 그것이 우리 삶 모든 부분에서 언제나 영향력을 끼치게 해야 한다는 뜻이 아니겠는가.

우리에게 두신 하나님의 뜻은 무엇인가? 우리 각자 각자를 부르신 독특한 뜻이 모두에게 있을 것이다. 우리를 어떠한 환경에 처하게 하시는 때에는, 또 그때마다 하나님의 특별한 뜻이 있을 것이다. 그런 뜻들에 앞서, 하나님의 사람 모두에게 동일하게 두신 뜻이 있다.

"하나님의 뜻은 이것이니 너희의 거룩함이라······"(살전 4:3).

우리가 매일 힘써 거룩함을 행하며 그것을 온전히 이루어 가는 것이 우리의 양식이다. 하나님을 예배하는 사람은 이 거룩함으로 살아간다. 거룩함이 우리를 살게 하는 영양분이다. 그것이 우리 삶의 전체, 즉 생각하는 일, 결정하는 일, 말하고 행하는 일, 나의 생활양식, 나의 가치관을 포함한 모든 부분에 늘 스며 있어서 그 일들에 영향력을 끼치도록 해야 한다. 거룩함은 예배의 자리에서만이 아니라, 삶의 모든 자리에서 우리에게 영향력을 끼치도록 해야 하는 것이다. 우리의 삶이 거룩함에 의해 움직여 갈 때, 하나님의 뜻이 온전히 이루어지게 된다. 거룩함은 우리 삶에 있어도 되고 없어도 되는 그런 것이 아니다. 어쩌다 한 번씩 결단하고 행해도 괜찮은 그런 것도 아니다. 모세 혈관이나 신경 조직처럼 우리의 삶의 모든 곳을 관통하며 흘러야 하는 것이 거룩함이다. 그래야 우리 삶이 하나님이 기뻐하시는 거룩한 산 제물로 드려질 수 있다.

산 제물로 드리는 거룩한 삶

옛날에 동물을 죽여서 제물을 드릴 때는, 그 동물은 제물로서 한 번만 사용되면 끝이었다. 그 제물이 다시 사용되지 않았다. 그러나 '산 제물'로 드리라는 말은, 우리의 삶이 일회성으로 하나님께 드려지는 것이 아니라는 말이다. 예배를 마치고도 그 제물은 계속해서 살아서 제물로 드려진다. 그것이 '산 제물'이다. '산 제물'로 드리는 것은, 한 번 거룩한 제물을 드린 후에는, 드려진 거룩한 제물에 어울리지 않게 사는 것을 거부한다는 말이다. 우리 삶이 언제나 하나님이 기뻐하시는 거룩한 삶이 되어야 함을 말한다.

그렇다면 산 제물로 드리는 거룩한 삶이란 어떻게 사는 것을 말하는가? 로마서는 이렇게 말한다.

"너희는 이 세대를 본받지 말고 오직 마음을 새롭게 함으로 변화를 받아 하나님의 선하시고 기뻐하시고 온전하신 뜻이 무엇인지 분별하도록 하라"(롬 12:2).

산 제물에 요구되는 거룩함을 위해서는 어떤 것을 하지 말고, 또 어떤 것은 해야 한다고 말한다.

우선, 하지 말아야 할 것을 말하는데 이 세대를 본받아서 살지 말라고 명령한다. 누군가 '거룩함'이란, 한 마리의 물고기가 물살을 거슬러 올라가는 것과 같다고 표현했다. 다른 물고기들은 흐르는 물에 몸을 맡기고 살아가는데, 연어 한 마리가 알을 낳기 위해서 있는 힘을 다해 강물을 거슬러 올라가는 모습이 연상되는 말이다. 강물이 흐르는 대로 몸을 맡기고 떠다니는 말라 버린 나무 조각처럼 "사람의 속임수와 간사한 유혹에 빠져 온갖 교훈의 풍조에 밀려"(엡 4:14) 이리저리 휩쓸려 다니지 않고, 거룩함으로의 부르심을 따라 담대하게 '이 세대'를 거슬러 올라가는 것, 그것이 우리에게 요구되는 거룩한 삶이다. 그렇다고 이 세대에 속한 그 어떤 것도 도무지 따라 하지 말고 취하지 말라는 것이 아니다. 이 세대의 가치나, 문화나, 사상이나, 논리나, 지혜 속에서 역사하는 어둠의 영, 하나님을 거역하는 영, 속이는 거짓의 영을 따라 살지 말라는 것이다. 하나님은, 거룩함을 거스르는 이 세대로부터 오는 죄와 어둠의 일, 더러운 일은 "그 이름조차도 부르지 말라"고 명령하신다(엡 5:3).

거룩함을 위해 하지 말아야 할 것이 있는 반면, 해야 하는 것이 있다. 그것은 '하나님의 선하시고 기뻐하시고 온전하신 뜻'을 분별하고 그 뜻을 따라 사는 것이다. 내 뜻이 아니라, 하나님의 뜻이다. 죄에 힘없이 노출될 수밖에 없는 내 뜻이 아니라, 언제나 선하신 하나님의 뜻이다. 십자가의 길에서도, 아버지 뜻대로 이루어지길 원하셨던 주님의 기도가 이제는 우리의 기도가 되어, 하나님이 기뻐하시는 뜻에 내 삶을 맞추어 사는 것이다. 자기를 부인하라고 하신 예수님의 말씀에 순종하지 않고는, 혼란한 이 세상에서 우리가 하나님의 뜻을 분별할 수는 없으리라.

로마서는 거룩함을 이루기 위해서는 해야 할 것과 하지 말아야 할 것이 있음을 우리에게 말하지만, 그 요구에 대면한 우리의 반응은 희망적이지 못하다. 거룩한 삶을 살도록 힘껏 노력하겠지만, 우리가 이미 살아봐서 알듯이 결과는 부정적일 것이라는 생각이다. 거룩한 삶을 살기 위해선 반드시 우리의 행위가 동반되어야 함은 명백하지만, 그것이 우리의 힘만으로는 결코 이루어질 수 없다는 것 또한 분명하다. 우리는 모두 연약하다. 그렇다고 우리의 연약함으로 우리의 거룩하지 못함을 핑계할 수 없다. 거룩함의 기준을 낮출 수는 더더욱 없다.

거룩함을 이루기 위해서는 거룩한 영, 성령께 우리 삶을 맡기는 길밖에 없다. 성령을 따라 살기로 결단하고 맡기기 전에는, 누구에게서도 거룩한 삶을 기대할 수 없다. 우리에게 성령의 도우심이 필요하지 않은 때란 없다. 우리가 거룩한 자라는 신분을 갖게 되는 것이 오직 하나님으로부터 오듯, 우리가 거룩한 삶을 사는 것도 성령의 도우심에 따라 살 때에 가능하다.

그러므로 성령이 우리를 온전히 사로잡으시기를 간구해야 하지 않겠는가. 우리 자신을 성령께 맡기며 순종하는 만큼 우리의 삶은 거룩함을 드러내게 될 것이다. 우리가 성령의 인도하심에 순종하며 살아간다면, 우리 삶 곳곳에서 거룩함이 터져 나올 것이며, 하나님의 뜻이 무시되는 이 세대의 한복판에 우뚝 서서 하나님의 거룩함을 드러내며 살게 될 것이다. 우리가 그렇게 살도록 하나님께서 부르셨다. 부르신 하나님께서 원하신다. 성령께서 도우신다. 그리고 우리에게는 그 하나님께서 그 일을 신실하게 이루어 가시리라는 소망의 확신이 있다.

"평강의 하나님이 친히 너희를 온전히 거룩하게 하시고 또 너희의 온 영과 혼과 몸이 우리 주 예수 그리스도께서 강림하실 때에 흠 없게 보전되기를 원하노라 너희를 부르시는 이는 미쁘시니 그가 또한 이루시리라"(살전 5:23-24).

거룩함을 잃어버린 제물은 하나님께 합당하지 못하며 하나님이 기뻐 받으시지도 않는다. 매 순간 거룩하게 살기를 힘써서 날마다 거룩한 삶의 제물을 들고 하나님 앞에 서자. 그것이 거룩하신 하나님을 예배하는 자에게 마땅한 일이다.

예수 그리스도가 예배의 이유가 되는 자,
그가 바로 하나님이 찾으시는 참된 예배자다.

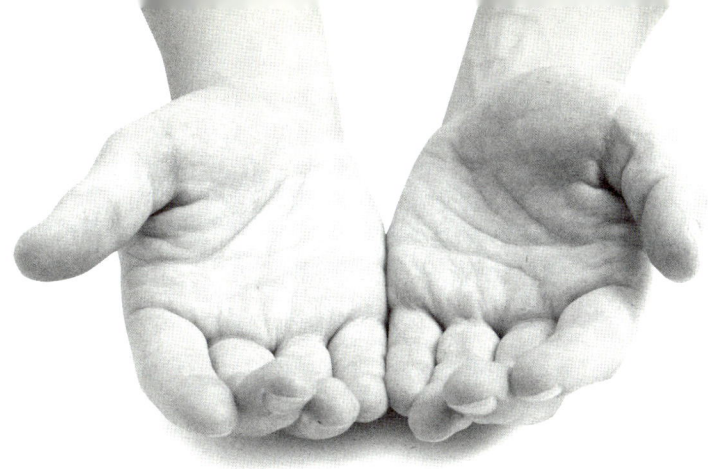

예수 그리스도

Jesus Christ

신령과 진정으로 예배하다

12
신령과 진정으로 예배하다
***

지성이면 감천이다?

"하나님은 영이시니 예배하는 자가 신령과 진정으로 예배할지니라"
(요 4:24).

예배를 시작할 때나, 또는 예배 중에 기도할 때, 자주 들었던 말씀이다. 개역개정에서는 "영과 진리로 예배할지니라"로 표현한다. 신령과 진정으로 예배하라는 말씀을 들으면 보통 어떤 생각을 떠올리는가? '신령'이라는 말을 들으면, 심오한 뭔가를 깨달은 사람이 눈을 지그시 감고 깊이 묵상하는 모습을 떠올릴 수 있다. '진정'이라고 하면, '지성이면 감천이다'는 말에서 연상되듯, 온 맘을 다해 간절한 마음으로 열심히 뭔가

하는 것을 떠올릴 수 있다. 그래서 '신령과 진정으로' 예배하라는 이 말이 지금까지의 우리 예배에 좋은 영향을 끼쳐 왔다. 마음을 다해 진지하게 예배하도록 이끌어 왔다. 오래전 나의 할머니의 모습을 생각해 보면, 할머니는 예배하러 가시기 전, 늘 치마저고리를 깨끗이 빨아서 준비해 놓으시고, 목욕하시고, 헌금도 다리미로 빳빳하게 펴서 준비해 두셨다. 항상 예배 시작 시간보다 일찍 예배당에 도착하셔서 늘 앞자리에 앉아 예배를 준비하셨다. 그렇게 예배를 귀하게 여기는 마음은 참으로 소중하다. 이 시대에도 변함없이 우리가 하나님 앞에 예배하러 나올 때에, 잊지 말고 가져야 할 마음임이 틀림없다.

하나님께 나의 가장 최고의 것으로 정성을 다해 드리기를 원하는 마음, 예배하는 우리에게 꼭 있어야 할 자세이다. 그것이 하나님의 이름에 합당한 일이다.

그런데 '신령과 진정으로'라는 말은 이와 같이 우리가 예배에 임하는 태도나 자세, 마음가짐에 대해 하는 말이 아니다. 그와 다른 깊은 의미가 있다.

예수님이 말씀하셨다.

"아버지께 참으로 예배하는 자들은 신령과 진정으로 예배할 때가 오나니 곧 이때라 아버지께서는 이렇게 자기에게 예배하는 자들을 찾으시느니라"(요 4:23).

이 말씀을 살펴보면, '신령과 진정으로 예배할 때'가 온다고 하시면서 동시에 그때가 '이때'라고 하신다. 예수님이 말씀하시는 '이때'까지는 신령과 진정으로 예배할 수 있을 때가 아니었고, 이제 그렇게 예배할 때가 되었다는 말씀이다. 우리가 '신령과 진정'이라는 말을 예배에 임하는 우리의 마음가짐을 나타내는 말로 생각한다면 이해할 수 없는 말이다. 예수님은 신령과 진정으로 예배하는 것이 이제부터 시작된다고 하신다. 예수님은 이 '신령'이라는 말, 그리고 '진정'이라는 말을 우리가 생각하던 것과는 좀 다른 의미로 생각하고 계신다. 예수님의 생각이 어떠한지 알기 위해서는, 이 본문의 배경이 되는 사마리아 여인과 예수님과의 대화를 좀 더 깊이 들여다봐야 한다.

영원히 목마르지 않는 생수

예수님은 우물가에서 만난 사마리아 여인에게 물 한 잔을 달라고 하신 후, 영원히 목마르지 않는 생수에 대해 말씀하신다. 그러다가 돌연, 이 여인에게 남편을 데려오라고 하신다. 남편에 대해 이야기하던 중 이 여인은 갑자기 주제를 확 바꿔서 예배에 대해 묻는다. 그리고 예수님은 이제 신령과 진정으로 예배해야 한다고 말씀하신다. 전혀 동 떨어진 대화의 연속인 것같이 느껴진다. 그러나 자세히 들여다보면, 사마리아 여인과 예수님이 나눈 이 세 번의 대화는 모두 동일한 주제로 연결된 내용이기도 하면서, 꼭 있을 수밖에 없는 대화이다.

　예수님이 이 여인에게 물을 달라고 하시면서 다가가자, 이 사람이 유대인임을 알아차린 이 여인은, 어떻게 유대인이 사마리아 사람 그것도 여인에게 물을 달라 하느냐고 한다. 그러자 예수님은 이 여인에게, 지금 물 좀 달라는 사람이 누구인 줄 알았으면 네가 생수를 달라 했을 것이고, 그 사람이 네게 영원히 목마르지 않는 생수를 주었으리라고 말씀하신다. 반가운 소식을 들은 이 여인은, 자신이 다시는 물을 길으러 여기에 오지 않도록 그 물을 달라고 한다. 두 사람은 서로 다른 물을 말하고 있다. 이 여인은 마시는 물을 말하고 있고, 예수님은 영원한 생수를 말씀하고 계신다. 예수님이 말씀하시는 생수는 무엇인가?

　예수님께서 성전에서 사람들을 가르치실 때, 생수에 대해 언급하신 적이 있다.

> "……누구든지 목마르거든 내게로 와서 마시라 나를 믿는 자는 성경에 이름과 같이 그 배에서 생수의 강이 흘러나오리라 하시니 이는 그를 믿는 자들이 받을 성령을 가리켜 말씀하신 것이라……"(요 7:37-39).

　예수님이 주시고자 하셨던 영원히 목마르지 않는 생수는 바로 '성령'을 가리키고 있음을 알 수 있다. 목마름을 해결하기 위해서는 반복적으로 물을 마셔야 하듯, 우리 영의 목마름도 영원한 해갈이 되지 않으면,

그것을 채우려 무엇인가를 반복적으로 찾을 수밖에 없다. 영의 목마름이 영원히 마르지 않는 성령으로 채워지지 않으면, 사람들은 다른 것들, 즉 우상들로 그것을 채우게 된다. 우리가 앞서 우상 숭배에 대해 살펴볼 때 본 말씀, 즉 "내 백성이 두 가지 악을 행하였나니 곧 그들이 생수의 근원 되는 나를 버린 것과 스스로 웅덩이를 판 것인데 그것은 그 물을 가두지 못할 터진 웅덩이들이니라"는 말씀을 통해서도 그것을 이해할 수 있다. 사람의 영은 하나님의 영으로 채워지지 않으면 터진 웅덩이를 파게 되고 결국은 채울 수 없는 것들로 계속 채우려 한다. 구세주와의 만남이 없었던 사마리아 여인의 삶이 바로 그렇다는 것을 예수님이 말씀하고 계신다.

그래도 이 여인이 깨닫지를 못했다. 그래서 예수님은 좀 더 실제적인 것을 가지고 그 여인의 삶을 구체적으로 드러내신다. 그것이 이어지는 두 번째 대화이다.

"네 남편을 데려와라."

참 느닷없고 당혹스러운 유대인 남자의 질문이지만, 이 여인은 이에 정직하게 대답한다.

"나는 남편이 없습니다."

그러자 예수님이 말씀하신다.

"그래 네 말이 맞다. 너는 남편이 다섯이 있었다. 그리고 지금 있는 사람도 네 남편이 아니지."

여인은 이 말에 깜짝 놀라서, "당신은 선지자군요" 하면서 바로 엉뚱하게 예배에 대해 묻는다.

이 여인에게 그동안 남편이 다섯이나 있었다는 내용은 우리로 하여금 '이 여인은 품행이 아주 좋지 않은 죄인이구나' 하고 쉽게 단정 짓게 할 만하다. 대부분의 성경학자도 이 여인을 타락한 죄인이라고 규정지어 버린다. 물론 예수님께서도 이 여인의 행위가 옳은 일이라고 말씀하시지는 않는다. "지금 있는 사람도 네 남편이 아니다"라고 하실 때, 예수님은 분명히 이 여인의 죄를 지적하고 계신다. 그러나 이미 다섯 남편이 있었다는 것을 가지고 우리가 이 여인을 아주 타락한 죄인으로 몰아세우는 것은 지나치다. 이 여인이 남들의 눈을 피해 뙤약볕이 내리쬐는 시간에 물을 길으러 왔을 것이라고 하며, 그 여인이 지닌 아픔이나 슬픔은 알지도 못하면서, 그저 추한 죄인일 것이라고 추측하며 정죄하는 것은 지나치다. 그 당시 사회에서는 지금의 우리로선 이해할 수 없는 이유가 이혼 사유가 되기도 했고, 또 이혼이라는 문제에 있어서 여자는 항상 피동적일 수밖에 없었던 형편을 생각해 본다면, 이 사마리아 여인을 품행이 좋지 못했던 여인으로 단정 짓기보다는, 오히려 다섯 명의 남편에게 부당하게 버림받고 소외된 여인, 상처투성이의 여인으로 봐야 하지 않겠는가. 이 여인보다는 그의 남편들이 오히려 타락한 죄인들이었을 가능성을 생각지 않을 수 없다.

주님도 이 여인을 정죄하지는 않으셨다. 예수님은 지금 이 여인에게 남편이 다섯이나 있었던 일의 옳고 그름을 다루시는 것이 아니라, 그렇게 된 근본적인 문제를 다루고 계신다. 예수님은 이 여인의 삶 속에서 채워지지 못한 갈급함을 보셨다. 이 여인의 삶에 있던 터져 버린 웅덩이들을 보셨다. 예수님은 지금 이 여인에게 그것을 보여 주고 계신다. 절실한 필요에 의해서였든, 혹은 욕망에 의해서였든, 이 여인이 아무리 반복하여 채우려 해도 해결되지 않고, 그것이 결국은 이 여인을 죄로 이끌어감을 드러내 보여 주며, 신랑 되시는 예수님을 만나지 못한 사람의 삶은 그럴 수밖에 없음을 보여 주고 있다. 예수님은 참 남편이 필요한 이 여인을 만나기 위해 유대인들은 통행하지 않는 길을 일부러 택하셨고, 남편이 다섯이나 있어야 했던 이 특별한 여인을 만나신 것이다.

이런 특별한 사람이 어디 이 사마리아 여인뿐이겠는가? 예수님을 꼭 만나야 하는 사람이 어디 이 사람뿐이겠는가? 그리고 예수님을 만났다고 하면서도 여전히 이 여인 같은 삶을 반복하며 사는 모습이, 혹 우리에게는 없는가? 이 여인의 삶은 우리 모두의 모습을 보여 주고 있는 것은 아닌가?

장소의 문제를 넘어

남편에 대한 이야기를 나누다가 이 여인이 또 묻는다. "예배를 당신네처럼 예루살렘에서 해야 합니까, 아니면, 우리처럼 그리심 산에서 해야 합니까?" 이 여인은 왜 갑자기 대화의 주제를 확 바꾸어 버렸을까? 자신의 부끄러운 이야기를 더 이상 드러내고 싶지 않아서였을까? 아니면 좀 더 영적인 질문으로 화제를 바꿈으로써 자신의 부끄러운 모습을 감추려 한 것일까? 그렇지 않으면 선지자 같은 사람을 만나면, 꼭 물어봐야겠다고 생각해 오던 궁금한 문제를 지금 묻고 있는 것일까? 여인의 마음이 어떤 것이었는지는 알 수 없지만, 예배에 관한 이 문제가 유대인과 사마리아인들 사이에 대립하고 있던 문제인 것만은 틀림없다. 그때나 지금이나, 예배가 중요한 이슈가 되고 있다.

우리 시대의 예배 문제를 어떤 학자는 '예배 전쟁'이라는 말로까지 표현한다. 예배라는 주제로 서로 다른 의견을 주장하다가 교회가 분열되기도 한다. 특히 예배에서 어떤 종류의 음악이 사용되어야 하는가의 문제로 이 시대의 많은 교회가 오랫 동안 고난을 겪어 왔다. 이제는 음악에 관한 문제는 비교적 잠잠해진 상태이지만, 이러한 음악의 문제나, 지금 이 여인이 들고 나오는 장소의 문제나 모두 다 예배의 본질을 놓치고 있는 대립에 불과하다. 이런 비본질적인 대립에 대해 예배를 디자인하신 예수님은 "내 말을 믿으라"고 하시면서, 이 산이나 저 산, 그것이 예배를 예배 되게 하는 것이 아니라, "신령과 진정으로 예배할지니라"고 대답하신다. '예배할지니라'라는 말은 권유하거나 의견을 나타내는 말이 아니다. 꼭 그렇게 해야 한다(must)는 말이다. 그렇게 하지 않으면, 예배가 아니라는 것이다.

유대인과 사마리아인이 그동안 해 온 예배의 모습에서도, 예수님께서 사마리아 여인과 나눈 대화에서 다루셨던 근본적인 문제를 발견할 수 있다. 즉, 영원히 해결되지 않고 끊임없이 반복되는 일이 있는데, 그것은 희생 제물을 가지고 가서 제사를 드리고, 또 드리고, 또 드리고 하는 일이다. 이 일에 대해 히브리서는 이렇게 말한다.

"제사장마다 매일 서서 섬기며 자주 같은 제사를 드리되 이 제사는 언제나 죄를 없게 하지 못하거니와 오직 그리스도는 죄를 위하여 한 영원한 제사를 드리시고 하나님 우편에 앉으사"(히 10:11-12).

사마리아 여인에게 있어, 물과 남편의 문제처럼 영원히 해결되지 않고 반복되기만 하는 것에 성령과 예수 그리스도가 필요했던 것처럼, 예배의 문제에서도 예수님이 필요하다는 말이다. 그 시대까지 제사가 끊임없이 반복되고 있지만, 그것으로 사람의 죄를 완전히 없게 하지도 못하고, 예배자들이 지성소에까지 들어가 하나님을 만나 예배하지도 못했다. 그러나 이제는 예수 그리스도가 영원한 단 번의 희생 제사를 드리심으로 더 이상의 반복적인 희생 제사는 필요 없게 되고, 예수 그리스도로 인하여 참으로 하나님을 예배할 수 있게 되었다는 말이다. 히브리서는 이것을 이렇게 표현한다.

"그가……한 번의 제사로 영원히 온전하게 하셨느니라"(히 10:14).

"이것들을 사하셨은즉 다시 죄를 위하여 제사 드릴 것이 없느니라"(히 10:18).

그렇다면, 예수님께서 "영과 진리로 아버지께 예배를 드릴 때가 온다. 지금이 바로 그때이다"(표준새번역)라고 말씀하실 때, 그 '때' 라는 것은 예수님께서 십자가에서 희생 제물이 되시는 때를 말하는 것이 될 것이다. 그때가 오고 있다(the time is coming). 사마리아 여인과 이 말씀을 하고 계실 때, 예수님께서는 아직 십자가에 달리지 않으셨다. 그러므로 지금 그때가 오고 있다. 지금이 바로 그때이다(now is the time). 예수님께서 희생 제물이 되시고자 이미 오셔서 지금 사마리아 여인과 말씀하고 계신다. 사마리아 여인이 예수님을 만났다. 그러므로 지금이 바로 그때이다. 이제 반복적인 희생의 제사는 끝났다. 이제 그리심 산이나 예루살렘에서 행하던 그 희생의 제사는 끝났다. 그래서 예수님이 말씀하신다.

"……너희가 아버지께, 이 산에서 예배를 드려야 한다거나, 예루살렘에서 예배를 드려야 한다거나, 하지 않을 때가 올 것이다"(요 4:21, 표준새번역).

'이 산'이나 '예루살렘'은 단지 예배와 장소와의 관계를 말하는 것에 국한되지 않는다. 예배가 장소에 제한받지 않음을 말하는 것이 아니다. 지금까지 그곳에서 행해 오던 구약의 희생 제사를 지칭하는 말이다. 이제는 그런 예배는 없다는 말이다. 구약의 희생 제물이 가리켜 왔던 참 희생 제물, 단번의 영원한 희생 제물이신 예수 그리스도로 인하여, 지금까지 '이 산'이나 '예루살렘'에서 반복적으로 행해 오던 희생 제사는 이제는 없다는 말이다. 이제 예배는 오직 '신령과 진정으로' 해야 한다.

오직 성령과 예수 그리스도로

그러므로 '신령과 진정으로' 라는 말씀에서(개역개정은 '영과 진리'로 번역한다) '신령'(혹은 '영')은 우리의 영을 가리키는 것이 아니라, 성령을 가리킨다. '진정'(혹은 '진리')은 예배에 임하는 우리의 태도를 말하는 것이 아니라, 진리 되신 예수 그리스도를 가리킨다. 그러므로 '신령과 진정으로' 또는 '영과 진리로' 예배하라는 주님의 말씀은, 우리가 예배를 영적으로 잘해야 하고 예배가 영적이어야 한다는 말이거나, 또 진리의 말씀에 따라서 합당하게, 혹은 마음을 다해 예배하라는 말이 아니라(물론 모든 예배가 그래야 한다), 오직 성령과 예수 그리스도로 인하여, 오직 그로 말미암아 예배하라는 것이다. 구약의 제사들이 하나님의 말씀에 규정된 대로 정확하게 따라서 했고, 온 마음과 힘을 다해 정성껏 했다 하더라도, '신령과 진정으로' 한 예배는 없었다. 예수 그리스도께서 오시기 전까지는 누구도 그렇게 예배할 수 없다.

오직 예수님만을 의지함으로 하나님을 예배하는 자가 신령과 진정으로, 영과 진리로 예배하는 자이다. 내 의지, 나의 태도, 나의 공적, 나의 노력, 내가 준비한 어떤 것, 예배의 환경, 예배의 전통 같은 것에 의지해 예배하는 것이 아니라, 오직 예수님의 은혜로 인해 그 은혜를 누리며 하나님의 보좌로 나아가 찬양하는 자, 그가 신령과 진정으로 예배하는 참된 예배자이다. 예배자가 '참된' 예배자가 되는 것은 내게 있는 어떤 것으로부터 기인하는 것이 아니다. 예수 그리스도로 인해서만 가능하다.

아름다운 음악, 좋은 예배 장소, 좋은 예배 순서, 또는 은혜로운 설교가 아무리 우리에게 감동을 준다 할지라도, 그러한 것들이 우리를 참된 예배자로 만들어 주지는 못한다. 절대 음감을 가진 음악가가 있었다. 그는 예배 중에 성가대의 찬양에서 틀린 음정들이 들리면 예배하기가 어려웠다고 한다. 음악이 멈추거나 혹, 음이나 박자가 틀리거나 하여 예배할 수 없다면, 그는 신령과 진정으로가 아니라 음악에 의존해 예배하는 자일 수 있다. 예배 순서가 달라 예배가 어렵다면, 익숙함이나 전통에 의존해서 예배하는 자일 수 있다. 큰 소리로 기도하고, 손들며 찬양하고, 감동으로 눈물을 쏟고 일어서지만, 예배당을 나선 후에 예수 그리스도가 나의 주인이 되지 못하고 또다시 사마리아 여인처럼 다른 것들로 내 삶을 채워 만족하려 한다면, 하나님이 찾으신다는 '신령과 진정으로 예배하는 자'는 아닐 것이다. 예수 그리스도 없이는 이 자리에 나올 수 없었음을 고백하며 예배하는 자가 신령과 진정으로 예배하는 자다. 예수 그리스도가 예배의 이유가 되는 자, 그가 바로 하나님이 찾으시는 참된 예배자다. 우리는 예수 그리스도가 아니고서는 하나님을 만나 예배할 수 없다.

유대인과 사마리아인들은, 셀 수도 없을 만큼의 소와 양을 제물로 드리며, 수많은 반복적인 희생의 제사를 해 왔지만, 그들은 지성소로 들어가서 하나님을 만날 수는 없었다. 그들은 어느 선까지만 가까이 갈 수 있는 제한된 예배자에 불과했다. 예배자가 제물을 가지고 정해진 성전으로 가서, 제물 위에 안수하고 제물을 자르고 나면, 그때부터는 제사장만이 제한된 영역을 넘어설 수 있었다. 그리고 더 깊은 곳으로 들어가는 자는 대제사장밖에 없었다. 그러나 이제는 예수 그리스도로 인하여, 우리가 휘장을 넘어 가장 깊은 곳으로까지 들어가서 하나님을 만날 수 있게 되었다. 예수님이 우리의 제물이 되셨고 예수님이 우리의 대제사장이 되셨고 예수님이 성전이 되셨다.

"그러므로 형제들아 우리가 예수의 피를 힘입어 성소에 들어갈 담력을 얻었나니 그 길은 우리를 위하여 휘장 가운데로 열어 놓으신 새로운 살 길이요 휘장은 곧 그의 육체니라 또 하나님의 집 다스리는 큰 제사장이 계시매…… 참 마음과 온전한 믿음으로 하나님께 나아가자"(히 10:19-22).

예수님으로 인하지 않고는, 성령의 이끌림을 받지 않고는, 그 누구도 하나님을 만나는 신령과 진정의 예배자가 되지 못한다. 우리의 열심도, 재능도, 노력도, 우리를 자랑하게 할 만한 그 어떤 것도 우리를 신령과 진정의 예배자로 만들지는 못한다. 예수님을 만나고 모든 속박에서 우리를 자유하게 하시는 성령에 이끌릴 때, 우리는 참으로 하나님을 예배하는 자가 된다.

하나님이 우리를 참된 예배자로 부르신다. 하나님이 찾으시는 신령과 진정의 예배자는, 예배에 대해서 또는 진리에 대해서 심오한 깨달음이 있는 자가 아니어도 된다. 오랜 신앙 경력이 필요한 것도 물론 아니다. 주님 나라를 위해 많은 일을 한 자가 아니어도 된다. 내 삶이나 내 처지가 내세울 만한 것이 없어도 된다. 마음이 깨어지고 부서진 자를 가까이 하신다고 하신 하나님은, 우리가 겸손히 무릎 꿇고 예수님의 이름을 부르며, 예수님이 내 삶의 주인임을 인정하며, 주의 은혜 안으로 들어오기를 원하신다. 우리가 그렇게 하나님을 신뢰하며 예배할 때, 하나님은 우리가 감당하지 못할 은혜와 긍휼을 베푸시며 지성소에서 우리를 깊이 만나 주실 것이다.

이제는 참으로 그렇게 예배하고 싶다.

하나님의 마음에 있는 진정한 예배자로 살고 싶다.

사명선언문

너희가 흠이 없고 순전하여……세상에서 그들 가운데 빛들로
나타내며 생명의 말씀을 밝혀 _ 빌 2:15-16

1. 생명을 담겠습니다
만드는 책에 주님 주신 생명을 담겠습니다.
그 책으로 복음을 선포하겠습니다.

2. 말씀을 밝히겠습니다
생명의 근본은 말씀입니다.
말씀을 밝혀 성도와 교회의 성장을 돕겠습니다.

3. 빛이 되겠습니다
시대와 영혼의 어두움을 밝혀 주님 앞으로 이끄는
빛이 되는 책을 만들겠습니다.

4. 순전히 행하겠습니다
책을 만들고 전하는 일과 경영하는 일에 부끄러움이 없는
정직함으로 행하겠습니다.

5. 끝까지 전파하겠습니다
모든 사람에게, 땅 끝까지, 주님 오시는 그날까지
복음을 전하는 사명을 다하겠습니다.

서점 안내

광화문점	서울시 종로구 새문안로 69 구세군회관 1층 02)737-2288 / 02)737-4623(F)
강남점	서울시 서초구 신반포로 177 반포쇼핑타운 3동 2층 02)595-1211 / 02)595-3549(F)
구로점	서울시 동작구 시흥대로 602, 3층 302호 02)858-8744 / 02)838-0653(F)
노원점	서울시 노원구 동일로 1366 삼봉빌딩 지하 1층 02)938-7979 / 02)3391-6169(F)
분당점	경기도 성남시 분당구 황새울로 315 대현빌딩 3층 031)707-5566 / 031)707-4999(F)
일산점	경기도 고양시 일산서구 중앙로 1391 레이크타운 지하 1층 031)916-8787 / 031)916-8788(F)
의정부점	경기도 의정부시 청사로47번길 12 성산타워 3층 031)845-0600 / 031)852-6930(F)
인터넷서점	www.lifebook.co.kr